Le temps du goulag

Florence Cadier

collection HISTOIRE & SOCIÉTÉ

Nous sommes tous coupables de tout et de tous
devant tous, et moi plus que tout autre.
Dostoïevski, *Les Frères Karamazov.*

...
Mais dans la chambre du poète en disgrâce
La Terreur et la Muse sont de service à tour de rôle.
Vient une nuit
Qui ne sait rien de l'aurore.
Anna Akhmatova, extrait du poème *Voronej*, 1936.

*À Valentine à qui j'ai pensé tout
au long de l'écriture de ce livre
À Jean, Bastien, Valérie et Boris, encore et toujours*

*L'auteur a bénéficié du soutien du
Centre national du livre*

L'histoire de mon pays est émaillée de trahisons, brisée par l'enfer, la faim, le froid, la mort, le décompte de nos vies tragiques. Le peuple russe restera à jamais marqué par le sang et les meurtres, et je n'ai pas échappé à ce destin. Ma vie a basculé du jour au lendemain, comme celle de ma famille, de mes copains, de mes voisins, comme celle d'inconnus. Et même si la peur est devenue une compagne, nous ne nous y sommes jamais habitués. En côtoyant des hommes bons comme des mauvais, certains d'entre nous ont compris que l'âme humaine est complexe. Vous pensez que mon aventure se noie dans la masse ? Rien n'est vraiment insignifiant quand on subit soi-même les évènements.
Alexeï Alexandrovitch

Alexeï

chapitre 1

– T'as du tabac ? me demanda le garde.

Je fis non de la tête. Ça pouvait être un piège.

– T'en veux ? reprit-il. Il m'en reste un peu !

Je refusai, je ne voulais pas passer pour un pourri qui parle avec les gardiens. Il haussa les épaules :

– Si t'as besoin de quoi que ce soit, tu peux venir me le dire. Je verrai ce que je peux faire !

– Pourquoi ? demandai-je, poussé par la curiosité.

Il réfléchit quelques secondes puis lança :

– Comme ça ! Histoire de ne pas me sentir complètement salaud.

Il tourna les talons et se dirigea vers le baraquement des soldats. Il secoua ses bottes où la neige s'était accumulée sous la semelle et y entra. Debout autour du poêle installé au milieu de la pièce, j'entrevis ses camarades se réchauffer.

Je repensai à sa voix rauque, je l'avais déjà entendue

quelque part ! Ici, ailleurs ? Je fouillai ma mémoire et ça me troublait. Bah, il devait être un de ces nombreux gardiens à nous encadrer quand nous partions travailler. Peut-être nous avait-il gueulé dessus, et sa voix rauque si particulière m'avait marqué. Oui, ce devait être cela.

Je rentrai dans mon baraquement, c'était l'heure ! Il fallait s'allonger, tenter de dormir malgré le froid et les autres zeks qui toussaient, crachaient, se dressaient subitement, harcelés par un cauchemar, criant le nom de leur femme, de leur fille dans la nuit. De la buée s'était déposée sur les vitres, preuve que tous les hommes étaient rentrés. Dedans, il faisait un peu plus chaud, la température des corps ! Ça grouillait dans tous les sens, certains prisonniers jouaient aux cartes, d'autres tentaient de repriser une paire de chaussettes, de réparer des bottes. Mon ami Anton, appuyé contre notre châlit, se détourna en me voyant. Il fuit vers un groupe de jeunes dont le chef, Fédor, avec sa tête de brute, faisait peur à tout le monde. C'était un détenu de droit commun, sorti des quartiers chauds de Moscou, envoyé là pour des crimes dont il se vantait. Il avait tué notamment un commerçant après lui avoir volé la recette de la journée. La police l'avait recherché pendant des semaines. J'imaginais qu'il avait dû leur en faire voir. Je ne l'aimais pas, ce type, il dirigeait une sorte de gang qui dépouillait, battait ceux qui ne se pliaient pas à ses désirs. Les zeks plus âgés les méprisaient et eux ne s'attaquaient pas aux aînés, mais aux plus jeunes. Soit ils obéissaient comme mon camarade, soit ils passaient à la casserole et cédaient pour survivre. Moi, j'étais implicitement protégé par Anton qui ne voulait pas briser la promesse que l'on s'était faite, deux mois auparavant, dans le train qui nous emportait à la Kolyma. Je serrai les poings, ça me démangeait de lui en coller un dans le visage. Mais je me retins, moi aussi j'avais promis à sa sœur Valentina de le protéger, et cette promesse-là, je comptais bien la tenir.

Près du poêle planté au milieu du baraquement comme un trophée et qui peinait à réchauffer la pièce, une grappe d'hommes tendait les mains, recueillant un peu de chaleur. Vadim, avec qui je travaillais en tandem à la scierie, me sourit et me fit signe d'approcher.

— Alors, garçon, t'étais où ? Je t'ai cherché !

Je lui répondis par un grognement. J'étais inquiet, un zek avait pu voir ce gardien me parler, je pouvais être soupçonné de délation et me faire casser la figure dans le meilleur des cas. Qu'est-ce qui m'avait pris de lui répondre à ce type ? Il comprit que j'étais soucieux, n'insista pas, me fit une place autour du feu. Des planches piquées à la scierie, encore humides d'avoir été traînées dans la neige, charbonnaient en répandant une fumée noirâtre. Les hommes discutaient entre eux du travail dans les bois, de la manière la plus rapide d'abattre les arbres, d'un Polonais qui avait été emmené à l'infirmerie et dont on n'était pas sûr qu'il en sorte vivant, les habituelles conversations qui clôturaient la fin de la journée. Le prénom d'Anton chuchoté par un gars me fit sursauter. Je tendis l'oreille, mais n'attrapai que des bribes. Vadim me glissa :

— J'te dirai tout à l'heure. Pour le moment, laisse tomber ! Fais-toi oublier !

Que voulait-il dire ? Qu'avait encore fait Anton ? Et pourquoi ce conseil ? Je cherchai du regard mon camarade et le vis rigoler avec Fédor. Ils se donnaient de grandes tapes dans le dos, comme s'ils avaient conclu un marché. Pas la peine d'y aller, je me ferais rembarrer. Je me traînai jusqu'à mon châlit et m'allongeai sur la couverture pouilleuse et trouée, m'enroulai dedans, le visage protégé par ma pelisse.

Mais qu'est-ce que je foutais là ? Comme toutes les nuits, je ressassai cette même rengaine ! Comment avais-je pu atterrir dans cet enfer, ce camp 54 de la Kolyma, où les mois d'hiver duraient plus longtemps que ceux de l'été, où les hommes arrivés des quatre coins de la Russie mouraient comme des mouches sous les coups, le travail et la faim surtout !

Je fermai les yeux et plongeai dans mes souvenirs. Si j'avais su ! À une heure près, je leur échappai. Mais voilà, j'avais été imprudent, j'avais cédé aux yeux embués de larmes de Ludmilla et j'étais resté près d'elle. Une heure de trop. Je déroulais le film des événements, des images tellement ressassées que je ne savais plus si je les avais inventées ou si je les avais réellement vécues. Ce dernier soir ! Mes parents et moi, assis autour de la table de notre chambre en train de discuter de notre journée. J'avais ramené de la bibliothèque un ouvrage de poésie de Mandelstam et j'avais hâte d'aller le lire. Dans les pièces à côté, chez nos colocataires, j'entendais le cliquetis des marmites, du couvert qui se dresse. Ça énervait ma mère, qui ne supportait pas cette promiscuité imposée par le gouvernement. Moi, je m'en fichais, je n'avais jamais connu autre chose. Deux familles, en plus de la nôtre, habitaient dans ce quatre-pièces de trois chambres, avec cuisine et salle de bains communes. Je gardais parfois les deux petites filles de huit ans de nos voisins, quand les six adultes allaient à une réunion du Parti. On jouait aux dames ou aux échecs en les attendant, j'aimais cette vie qui me « donnait » des petites sœurs, moi qui étais fils unique.

Ce soir-là, donc, des coups ravageurs avaient ébranlé la porte d'entrée. Je sautai de ma chaise, le cœur battant, nous étions tous sur le qui-vive ! À cette heure-ci, qui pouvait nous rendre visite ? Ma mère prit un teint cireux, mon père fronça les sourcils. Puis, je me souvins que Sergueï avait dit qu'il passerait me voir. Je le leur dis et mes parents soufflèrent. Ce ne pouvait être que lui pour frapper aussi fort. Il s'énervait quand je ne lui ouvrais pas assez vite.

– Si c'est ton copain, proposa maman, offre-lui de rester dîner avec nous.

Mon père maugréa : « Léna, tu crois que c'est une bonne idée ? Le fils d'un… » Le reste se perdit dans le fracas des coups.

À cette époque Sergueï était mon meilleur ami. Je l'avais connu tout petit, il habitait deux immeubles à côté du mien. Nous avions été dans les mêmes écoles, dans les mêmes classes et nous ne nous étions plus quittés. Pourtant, on ne peut pas dire que nous avions les mêmes caractères. Lui, c'était une grande gueule comme son père, un policier du pouvoir, il jouait des pieds et des poings pendant les récréations et moi, ça m'amusait étant donné que j'étais plutôt réservé, pas vraiment bagarreur. Mais comme ça, personne ne venait me chercher des noises, sinon, ils avaient à faire avec le direct de Sergueï.

Svetlana était arrivée avant moi à la porte, sautillant d'un pied sur l'autre. Elle adorait Sergueï qui leur racontait, à elle et sa sœur, des histoires de Baba Yaga pour les faire crier de frayeur. Je me préparais à le charrier, pourquoi taper comme un fou sur cette pauvre porte, quand, arrivé devant le battant de bois, je me fis la réflexion que celui-ci bougeait dangereusement. Il n'était pas seul. Je murmurai :

– Qui est là ?

– Police ! gronda une voix basse.

Svetlana courut rejoindre ses parents. Mon père se précipita dans l'entrée et me fit signe de me pousser. La porte claqua contre le mur, et trois silhouettes sombres aboyèrent en se ruant dans notre appartement.

– Dans vos chambres, tous ! Et collez-vous contre les murs !

Celui qui avait prononcé ces mots avait un visage de bœuf, des traits lourds, des paupières épaisses cachant un regard bestial. Il n'en était pas à sa première arrestation, ça se voyait. Les deux autres n'étaient pas plus aimables, des sous-fifres, sûrs d'eux, avec la même figure fermée et impassible que ceux qu'on croisait dans la rue quand ils traînaient dans les entrées des immeubles de Moscou, poussant un homme ou une femme jusqu'au « corbeau noir », la camionnette du NKVD (1), transformée en voiture de livraison. Je hurlai

1- NKVD : police secrète soviétique, créée en 1934 à la suite du Guépéou.

comme un cochon écorché, je me souviens encore de cette trouille qui m'avait lacéré le ventre. L'un d'eux me claqua violemment. Il me laissa sonné, la tête bourdonnante.

Ils se ruèrent dans notre chambre, bousculant les chaises, renversant l'armoire, vidant nos tiroirs, piétinant nos vêtements, nos livres, cassant nos bibelots en braillant :

– Vous pouvez rien nous cacher. On trouvera bien les preuves que vous êtes deux traîtres.

Ils s'adressaient à mes parents. Les deux autres familles s'enfermèrent dans leurs pièces et j'entendis les murmures des mères calmant les deux petites filles. Mon père s'approcha d'eux pour tenter de discuter, mais ils le poussèrent si fort qu'il tomba à genoux. Quand il se releva lentement, comme s'il mesurait enfin ce qui nous arrivait, il prit la main de ma mère, la mienne, et nous restâmes dans un coin à les regarder vandaliser notre chambre. Rien n'échappa à leur fouille. Mes cahiers, les tiroirs de notre bureau, le sac de ma mère, jusqu'à nos matelas furent méthodiquement ouverts, vidés, lacérés sous nos yeux. Ils semblaient habités par une rage incontrôlable, comme si de cette perquisition dépendait leur place au sein du système policier.

Au bout d'une heure, ils étaient toujours bredouilles. Pas un papier, pas un journal à se mettre sous la dent qui auraient prouvé la culpabilité de mes parents. Cela dut augmenter leur fureur, car celui qui avait une tête de taureau commença à lancer nos bibelots contre les murs, à cogner les chaises sur le sol, à balayer avec sa main les objets qui tenaient encore debout.

J'imagine que nos voisins avaient dû verrouiller leur porte, l'oreille collée, le souffle court, terrorisés, attendant avec angoisse qu'ils partent, serrant les doigts en se demandant s'ils seraient les prochains. Je me souvins des Karpatchov, ceux qui habitaient l'étage en dessous, qui avaient été emmenés le mois dernier, et de notre soulagement égoïste, oui, c'est le mot, quand le NKVD avait quitté notre immeuble, les traînant vers le « corbeau noir ».

— Suivez-nous, non, pas le gamin, seulement vous deux ! postillonna celui qui m'avait giflé.

À toute allure, mes parents remplirent une valise avec quelques vêtements. Ils me serrèrent dans leurs bras, les larmes de ma mère coulaient sur mes joues, mon père grimaça un « t'inquiète pas » puis la porte d'entrée claqua. Une tornade avait balayé ma vie. Impossible de réaliser qu'ils étaient partis pour longtemps, pour toujours. En une heure de vie, mes parents avaient disparu. Je restai les bras ballants, la tête dévastée, attendant un signe, un mouvement qui aurait pu me secouer.

Ce soir-là, Sergueï n'était pas venu me rendre visite. Pourquoi ? Avait-il entendu du bruit dans la rue, aperçu le « corbeau noir » et compris chez qui ils se rendaient ? Ou avait-il un lien avec cette arrestation ? Qui peut dire ? Seuls nos colocataires étaient venus me soutenir, les mères pleurant encore de peur, les hommes ne trouvant rien à dire pour me consoler. Personne n'était à l'abri de ces arrestations arbitraires, ça pouvait arriver à n'importe qui, n'importe quand. Je leur demandai de me laisser seul et, perdu dans notre pièce vide, je soulevai les vêtements et les livres jetés au sol, les reposant sur une chaise, une table. La nuit fut longue. L'attente, l'écoute ! Je guettais les bruits de pas dans les escaliers, les portes d'entrée qui s'ouvraient et se refermaient, les éclats de voix montant des appartements, puis, plus angoissant, le silence ouaté des heures blanches où l'on attend que la vie se réveille.

Il fallait que j'arrête de penser à mes parents, à cette dernière soirée. Sinon, ça me prendrait toute mon énergie et le lendemain, j'aurais à peine la force de me lever pour aller travailler. Et puis, cela ne servait à rien de ruminer. Autour de moi, les ronflements commencèrent. Je tâtai la place vide à mes côtés. Où était Anton ? Je levai la tête, le rougeoiement du poêle ne perçait même pas l'obscurité. Il me sembla entendre des rires étouffés, puis un tabouret qui raclait le sol. Des pas s'approchèrent de notre châlit. Une main souleva la paillasse, y glissa quelque chose et l'ombre s'éloigna. Je n'osai pas me lever dans les ténèbres même si j'en mourais d'envie.

chapitre 2

Alexeï – le camp

Cette nuit-là, quand Anton se glissa à côté de moi sur le châlit, son corps était gelé. Il trembla plus d'une heure, mais je n'avais pas envie de le frictionner pour l'aider à se réchauffer. J'étais parvenu à une certaine indifférence, la vie dans le *lagpounkt* [1] m'avait ôté toute compassion. J'étais épuisé et grognai quand sa jambe glacée frôla la mienne. Je m'assoupis assez vite et je ne sus pas s'il finit par dormir. Mais quand la sirène nous réveilla à trois heures, Anton avait déjà les yeux ouverts. Il sauta en bas, bouscula un prisonnier pour sortir plus vite du baraquement et se dirigea vers la cuisine. Qu'avait-il trafiqué avec les autres salauds ?

Comme chaque matin, je me levai comme un automate, assommé par le manque de sommeil, la faim qui me terrassait, et je suivis le troupeau d'hommes

1- Lagpounkt : camp de travaux forcés.

qui déjà quittaient le baraquement. J'enfilai ma veste matelassée, une vieille chapka récupérée sur un mort et je me fondis dans la nuit noire, rejoindre mes compagnons pour le petit-déjeuner. On nous donnait une bouillie, la *kacha*, le pain noir de la journée et, parfois, quelques morceaux de sucre. Le tour de force était de réussir à ne pas tout engloutir et d'en garder pour les heures suivantes.

Le deuxième hurlement des sirènes donnait l'ordre de se rendre sur la place centrale, celle où les gardiens faisaient l'appel. Dehors, il neigeait. Flocons légers et tenaces, voletant dans le vent glacial. C'était interminable. Certains matins, ils allaient plus vite, défilant les noms et les matricules, sans erreur. D'autres fois, ils s'embrouillaient, bredouillaient, étaient obligés de recommencer, et c'était sans fin, le froid nous empêchait de respirer correctement, nous ne sentions plus nos membres. Alors, comme de pauvres pantins, nous sautions sur place, nous donnant des claques dans le dos pour nous réchauffer.

Puis, la sirène vrillait à nouveau nos oreilles et nous partions travailler.

– *Davaï, davaï* (1), nous pressaient les gardiens.

À notre arrivée dans le camp, Anton avait été affecté au nettoyage des douches, des lavabos et des tinettes et moi à l'atelier de menuiserie. Je supposais que c'était une chance. J'avais dû apprendre à raboter des planches servant à la construction de baraquements. Jamais de ma vie je n'avais tenu un rabot entre les

1- « Plus vite, plus vite ! » en russe.

mains. Mon chef de brigade, Ivan, était un « politique ». Géologue à Leningrad, il avait été accusé de « trotskisme », pour être ensuite condamné à quinze ans de travaux forcés. Une barbe sale et foisonnante mangeait son sourire, ses yeux creux semblaient immenses et, malgré ses dix années de bagne, ils gardaient encore une étincelle de malice. Au début, j'avais cru que je n'allais jamais y arriver. Puis, Ivan m'avait assez vite pris en affection, je lui faisais penser à son fils, resté à Moscou, comme il l'espérait.

— Ici, tu souffriras moins du froid et nous t'aiderons. Tu es le plus jeune de l'équipe, et les normes à atteindre sont draconiennes. Mais, on se débrouillera !

Si les détenus remplissaient les normes demandées et même les dépassaient, ils étaient mieux nourris, recevaient plus de pain et de soupe. Les plus faibles crevaient de faim et ainsi, n'avaient plus la force de travailler. Voilà comme on broyait un homme, et seule la protection du chef de brigade pouvait nous sauver.

Anton avait été moins chanceux. La crasse, l'humidité constante, la puanteur du baraquement des bains l'avaient écœuré. Il rechignait à plonger ses mains dans toute ces cochonneries et, dès la première journée de travail, il avait tenté d'échapper au nettoyage des toilettes. Qu'est-ce qu'il croyait ? Son chef de brigade, le fameux Fédor, l'avait obligé à récurer à quatre pattes, muni d'une brosse, le sol visqueux maculé d'ordures.

— J'ai vomi mes tripes et plus je vomissais, plus cet imbécile rigolait et me demandait de frotter encore plus, m'avait-il raconté le soir. Je n'y arriverai jamais, Alexeï, il faut que je parte, que je m'évade !

Puis, assez vite, ils étaient devenus amis. Fédor le menait par le bout du nez, et je le soupçonnais d'avoir promis à Anton de l'aider à fuir. N'importe quoi ! Il n'avait aucune chance de réussir. Plusieurs épaisseurs de fils barbelés entouraient le camp, des patrouilles de chiens montaient la garde, et des soldats dans les miradors pointaient leurs armes sur nous à chaque heure du jour et de la nuit. Et si par bonheur on parvenait à se faufiler, la mort blanche nous attendait plus loin. Le froid, le gel, la faim nous tuaient aussi sûrement que les fusils des gardes.

– Tu veux mourir ou quoi ? Tu vois bien que c'est impossible de filer.

– Mourir ? avait-il répondu l'air fiévreux. Oui, peut-être, tout plutôt que de vivre les huit prochaines années dans ces conditions.

– Et Tina ? lui rappelant qu'il n'était pas seul.

– Tina ? Mais tu la protégeras ! Moi, je n'ai jamais su, avait-il continué. Déjà enfant, c'est elle qui prenait soin de moi et pourtant, je suis l'aîné.

Il s'était détourné de moi. Je l'avais senti déçu que je ne lui dise pas qu'il avait une idée de génie ! Mais moi, je n'avais pas envie de laisser ma peau ici tout de suite. C'est à cette période qu'il était devenu proche de Fédor et de sa clique. Pas un pour rattraper l'autre, que des sales types, condamnés la plupart du temps pour meurtres. C'étaient les mêmes qui terrorisaient les plus faibles, particulièrement les politiques. Les gardes fermaient les yeux, ça les arrangeait, car ces gros bras menaçaient les zeks, les obligeaient à travailler comme des brutes et du coup, ils récoltaient les louanges.

Ils se retrouvaient très vite chefs de brigade. J'étais étonné qu'Anton se mêle à eux, écœuré qu'il m'abandonne après ce long voyage en wagons à bestiaux qu'on avait vécu tous les trois, les serments qu'on s'était faits.

À un moment donné, je ne m'en suis plus occupé, je le laissai seul avec ses chimères. Il s'était mis dans la tête de partir et c'était tout ce qui comptait pour lui désormais. Moi, je ne pouvais rien y faire et je n'avais pas d'autre choix que de me concentrer sur ma survie, sur mon objectif, une obsession devrais-je dire, de rejoindre Tina vivant, coûte que coûte. Alors à chaque minute, je luttais pour ne pas crever et je n'avais plus la force de penser à ma famille, à mes amis, à ma vie d'étudiant à Moscou.

La faim vampirisait toute notre énergie, les prisonniers se disputaient pour arriver avant tout le monde devant le chaudron contenant la *balanda*. Les premiers servis pouvaient espérer recueillir un peu plus de choux ou de patates que les autres. Au début, j'ai eu du mal à avaler cette soupe, et je fermais les yeux pour ne pas voir flotter les têtes de hareng. Mon estomac rechignait, j'avais des crampes terribles qui me terrassaient. Puis, je m'y habituai et je l'ingurgitais en m'aidant du pain noir au son que l'on nous distribuait le matin.

On ne mangeait pas, on dévorait et quand on dévorait, on ne se disait pas un mot. On était assis autour de grandes tables, on collait son voisin pour se tenir chaud et on n'entendait que le raffut des cuillères, le bruit de bouches qui mastiquaient.

Et un soir, les évènements s'accélérèrent. Après le

repas, je tirai Anton par le bras pour rejoindre notre baraque ensemble. J'avais besoin de parler. Il se détacha brusquement.

– Qu'est-ce que tu as ?

– Fous-moi la paix ! me répondit-il.

Il rejoignit le sombre Fédor et sa bande. Ils discutèrent, rigolèrent dehors pendant quelques minutes, sous un ciel rendu blanc par la pleine lune et la Voie lactée, puis le froid les chassa. Ils disparurent dans un des baraquements. Une main se posa alors sur mon épaule, et quand je vis le visage du jeune gardien, je sursautai. Qu'est-ce qu'il me voulait encore ? Qu'est-ce que j'avais fait ou pas fait ? Il me regarda gentiment, me fourra entre les mains un gobelet de *tchaï* brûlant et, suprême bonheur, sucré ! Je ne résistai pas et, m'en emparant, je l'avalai d'un trait, sans le remercier. Je me fendis quand même d'un sourire ensuite. Il ne put pas s'empêcher de me parler :

– Tu tiens le coup ?

Je trouvai sa question stupide. Qui tenait le coup parmi les zeks ? Personne ! On savait tous qu'on allait mourir beaucoup plus vite que n'importe quel humain sur cette planète.

– T'es plus avec ton copain ? reprit-il.

Cherchait-il à me coincer ? Il ne m'aurait pas aussi facilement.

– Pourquoi tu me demandes ça ?

– Il est pas avec les bons zeks. On l'a à l'œil ! répondit-il. Traîne pas trop avec lui.

Puis, il me tourna le dos sans attendre de réponse. Un groupe de gardiens arrivaient et je compris qu'il ne voulait pas qu'on nous voie ensemble. Il me fichait la trouille, ce gars-là, avec ses attentions et ses questions indiscrètes. Mais il y avait chez lui, dans son regard, son ton, quelque chose d'indéfinissable, que je ne voulais pas voir, peut-être un brin d'humanité.

Anton ne m'avait toujours pas parlé. Il m'avait évité ostensiblement, et je le trouvai presque joyeux quand il rejoignit son groupe de travail. Pas le temps de lui demander des explications, mon équipe se mettait en route pour l'atelier de menuiserie, situé en dehors du camp. En rang par cinq, sous une escorte vigilante, nous passions devant le poste de contrôle. Je baissai les yeux, comme on nous le demandait. Dans ce *no man's land*, si l'un de nous faisait un pas à gauche ou à droite hors de la colonne, il était tué. Nous avions été prévenus, cette enjambée fatale était considérée comme une tentative d'évasion. Alors, je fixais les jambes du détenu qui marchait devant moi en priant qu'il ne fasse pas d'écart.

L'atelier n'était pas chauffé, mais il y avait tellement d'hommes qui y travaillaient qu'il y faisait presque bon. Je pris mon poste, je devais scier de grandes planches de bois. Mon compagnon allait beaucoup plus vite que moi et me jetait des regards désespérés. Je supposai qu'il devait craindre de se faire engueuler si nous ne tenions pas les normes. Toujours la même obsession ! À quelle quantité de nourriture aurions-nous droit le soir ?

Vadim s'approcha de moi, prit la planche de mes mains et la coupa lui-même.

– Tu vois, tout est dans la manière dont tu la présentes à la machine. Légèrement, sans forcer !

Il reprit son travail. Je m'efforçais de l'imiter, mais le résultat était assez catastrophique. Ça n'était pas droit du tout. Il s'arrêta et soupira :

– Ah, t'es vraiment pas un manuel ! Pas de chance pour toi ! Mais bon, on est mieux là que dans une mine ou en forêt à abattre des arbres.

Il m'avait raconté qu'il avait été propriétaire d'une petite ferme dans l'Oural et qu'il avait refusé de rentrer dans un kolkhoze, pour mettre ses biens en communauté avec le peuple ! Moi, on m'avait appris au lycée, dans les réunions du *Komsomol* (1), que ceux qui refusaient étaient des criminels. Je l'avais cru jusqu'à maintenant.

C'était un taiseux, mais avec moi, il aimait parler et me posait des questions sur ma vie à Moscou. Ça le faisait rêver, me disait-il, car il aurait aimé vivre en ville.

Quand la sirène du soir retentit, il enfila une veste en lambeaux, enfonça sa chapka sur ses oreilles et sortit parmi les derniers de l'atelier. Les gardes nous attendaient pour nous ramener au camp. Ils trépignaient sur le sol verglacé, des bourrasques de neige les fouettaient jusqu'à les déséquilibrer. Je n'avais jamais connu un tel froid. La buée de notre haleine semblait se givrer et nos cils gelaient en quelques minutes. Nous marchâmes rapidement vers le *lagpounkt* et, ce soir-là, les gardes du poste ne sortirent pas de leur guérite à notre passage.

Dans l'enceinte du camp, nous étions libres d'aller

1- Komsomol : organisation de la jeunesse communiste.

et venir. Notre simple impératif était de répondre et d'obéir aux hurlements de la sirène. Je courus jusqu'à mon baraquement, souhaitant avoir une petite place près du poêle. Bien souvent, j'arrivais trop tard, des grappes d'hommes frigorifiés tentaient déjà de s'y réchauffer. Et les « droit commun » étaient prioritaires, par force. Le poêle rayonnait à quelques mètres seulement, mais en entrant, après avoir subi les – 30 degrés du dehors, on avait une bonne impression de chaleur. L'odeur était terrible : les vêtements mouillés et la saleté des prisonniers laissaient flotter des relents qui me donnaient des haut-le-cœur. Au loin, Anton, la silhouette longiligne, les mains en offrande au-dessus du brasier, souriait à Fédor. Après l'avoir craint et haï, il devenait le complice de ce type. Quelle girouette ! La colère me secoua.

Je lui fis signe de me rejoindre près de notre châlit, mais il m'ignora et continua à sourire niaisement. Vadim me tapota l'épaule.

– Fallait que je te dise ! Il devrait se méfier de ce type-là, ton copain ! dit-il à voix basse.

– Je sais, mais il ne veut rien entendre !

J'avais envie de lui confier mes craintes, mais comment pouvait-il m'aider ? Au fond, je connaissais à peine cet homme. Un mois auparavant, je n'avais même pas idée de son existence. Pourtant, je ne sais quoi de fort me poussa à le faire.

– Je crois bien qu'ils veulent s'échapper ! lâchai-je.

– J'en ai entendu parler ! Un plan de plus qui ne réussira pas. Aucun zek n'y est encore jamais parvenu !

Je me sentais si seul, impuissant ! Vadim le devina car il chuchota :

– Au début, en arrivant dans le camp, on passe tous par la révolte. Et puis, ça se calme et on vit avec. Allez, ne t'inquiète pas, il va sûrement changer d'avis.

Nikita, gardien à la Kolyma

chapitre 3

Moi aussi, ça m'était tombé dessus brusquement. J'avais jamais été préparé à vivre dans un camp, je savais même pas que ça existait. J'avais été élevé dans un village, à la ferme. Enfin, une ferme, c'est un grand mot, une maison avec un sol en terre battue, un champ et trois vaches. Et ça nous suffisait à être heureux ! Avec mon frère Anatoli et nos parents, on vivait sans soucis. Nos seules préoccupations étaient les vêlages, les foins, la moisson, les saisons. On avait bien les échos de la Révolution, elle avait commencé longtemps avant ma naissance. Depuis que notre instituteur nous racontait ce que les journaux appelaient les « grandes purges » mon père s'inquiétait, je voyais bien qu'il fronçait les sourcils quand il discutait avec ses amis, mais on n'y faisait pas attention. Mon père secouait la tête, sans jamais s'exprimer, il savait que c'était dangereux, qu'il risquait d'être arrêté s'il l'ouvrait. « Les murs entendent tout », répétait-il à notre mère.

À l'âge de dix ans, nous avions quitté l'école pour aider nos parents dans les champs. On avait tout juste appris à lire et à écrire, c'est vrai qu'on n'avait pas fait trop d'efforts, on était plus à l'aise dans les bois et dans les prés. Les soirées que je n'oublierai jamais, c'étaient celles où le soleil meurt dans une lumière d'or, fêté par l'odeur des blés mûrs et les cavalcades de lapins qui grouillaient et galopaient dans les sous-bois. Notre père nous emmenait à la chasse, et on rapportait juste ce dont on avait besoin pour manger. Moi, je rechignais à tuer les animaux, je détestais le sang. Je dirigeais le canon de mon fusil sur un tronc d'arbre, une souche, tirais à côté, et je trouvais toujours une excuse pour l'avoir loupé. Ça mettait mon père en colère, un fils qui n'aimait pas la chasse ne pouvait pas être totalement un homme ! Anatoli se moquait de moi gentiment, il était tellement heureux de rapporter des lièvres, des canards à notre mère et de récupérer les compliments pour lui. À la fin, c'était devenu une blague entre nous deux : j'étais celui qui ne savait pas tenir un fusil et dont il fallait se méfier !

J'étais l'aîné et je devais prendre, un jour, la suite de mon père. Pour moi, c'était évident que je n'allais pas abandonner mon frère, je savais qu'il allait m'aider, qu'on allait trouver chacun une femme, se marier et vivre tous ensemble dans la même maison.

Je me pensais à l'abri du malheur, je ne savais pas ce que ce que ça voulait dire. Quand la lettre du gouvernement est arrivée, je suis tombé des nues. On m'ordonnait d'aller passer trois ans de ma vie au fin fond de la Sibérie, dans un goulag, le camp 54, à surveiller des zeks. Je ne savais même pas où ça se trouvait sur la carte du pays, je crois bien que le maître nous en avait jamais parlé ! Ma mère fondit en larmes et jusqu'au soir renifla bruyamment. Anatoli était tout excité, pour lui, c'était une grande aventure et il aurait bien pris ma place.

– Qui va aider les parents ? je me lamentai.

– T'inquiète pas, je suis là !

J'en revenais pas : dans un mois, j'allais prendre un train avec des types que je n'avais jamais croisés et apprendre à vivre loin de ma famille dont je ne m'étais jamais séparé. J'aurais dû suivre mon instinct, déserter, fuir, mais j'étais un bon gars, habitué à obéir. Il fallait servir la patrie et avec elle, notre chef Staline. Ici, y' en avait qui ne l'aimait pas car on parlait beaucoup d'expropriation, de récupérer les terres et le bétail pour les partager avec tous, dans un kolkhoze. Mon père était furieux. Il avait beaucoup travaillé pour acheter ce lopin et nos quelques bêtes, il voulait les donner à ses fils et certainement pas à des voisins !

Le jour du départ arriva trop vite. La veille, j'avais retrouvé Katya au bout de notre chemin. Cette fille, c'était la plus belle fille du village, celle que j'appelais en secret « ma fiancée ». Elle a promis de m'attendre et moi, en retour, je lui ai juré de l'épouser quand je rentrerais. C'est pour cela qu'elle a accepté de passer cette dernière nuit avec moi. Une nuit d'amour, cachés dans la grange. Elle est si douce, ma Katya ! Elle m'a même assuré que si elle attendait un enfant, elle serait la plus heureuse des femmes. Je ne me voyais pas encore papa, mais mes parents nous aideraient. Maman n'attendait que ça !

Les parents m'ont accompagné jusqu'à la gare de Smolensk. On a fait le début du trajet en charrette tirée par un mulet, puis on est montés dans un petit train qui s'arrêtait à chaque gare. Ma mère, c'était la première fois qu'elle quittait notre village. Elle avait du mal à imaginer que j'allais vivre loin d'eux. Elle avait rempli mon baluchon de pâté, de pots de miel, de miches de pain. Elle ne m'avait pas cru quand je lui avais promis que l'armée allait me nourrir.

Mon père ne bougeait pas, se taisait. Il ne digérait pas que son fils aîné parte loin de chez lui et le laisse s'occuper de la ferme. S'il voyait comment c'est dans le camp ! Même si je lui racontais, je ne suis pas sûr qu'il me croirait.

Je pensais pas que le voyage allait être aussi long. Quinze jours confinés dans un wagon avec des soldats comme moi, des p'tits gars venus de tous les coins de notre grand pays, obligés de donner quelques années de leur vie à la nation. Y' en avait même certains qui pleuraient, en douce, pendant qu'ils faisaient semblant de dormir, d'autres rigolaient, pensaient que c'était la grande aventure de leur vie. Moi, j'avais le cœur gros, pour un peu j'aurais profité d'un arrêt du train pour m'enfuir. Mais je l'avais pas fait, trop risqué, j'aurais été vite rattrapé et fusillé. Ils nous avaient envoyés à la Kolyma, une région qui était encore inhabitée il y a quelques années, et pour cause : on y voyait à peine le jour, deux heures de lumière pendant les longs mois polaires où le froid était pire que pendant les plus terribles hivers que j'avais vécus à Petrovitchi, mon village. C'était pas humain !

Mon village ! J'étais pas prêt de le revoir, et quand j'y retournerais, dans quelque temps, que seraient devenues ma famille, notre ferme et surtout Katya ? Pourvu qu'elle m'écrive, pourvu qu'elle ne m'oublie pas. Est-ce que j'aurais des permissions ? Ça allait être long trois ans sans se voir ! Je n'étais pas rassuré à cause de Dimitri, le fils du maréchal-ferrant qui lui tournait autour. D'ici qu'il profite de mon absence !

Voilà, j'y étais ! Les pauvres gars ! Nous encore, on était chaudement habillés, pas trop mal nourris, mais eux ! Des loques humaines ! Et dire qu'on allait me demander de les surveiller, de les garder, de les punir ! Certains avaient l'âge de mon père, enfin, j'en avais l'impression, mais j'en étais pas certain. Sûr qu'ils avaient dû vieillir prématurément.

Le commandant, quand il nous avait reçus, avait insisté lourdement sur un point : il ne fallait pas avoir pitié des zeks. « Ce sont des criminels, n'oubliez pas ! Tirez-leur dessus s'ils ne marchent pas droit ! » nous avait-il assené plusieurs fois de suite. Mais ce n'était pas la même chose de tordre le cou d'une poule, ou de tirer un lapin à la chasse. Tuer un homme ! J'avais pas l'intention de commencer. Avoir un mort sur ma conscience ! Non, je risquerais d'être damné jusqu'à la fin de mes jours et même au-delà ! Comment alors je pourrais regarder mon enfant dans les yeux en sachant que j'avais du sang sur les mains ? Y a des gardes que ça avait pas l'air de gêner. Hier soir, j'en avais entendu raconter comment ils avaient battu un homme qui n'en pouvait plus de charrier des troncs d'arbres ! Tous les autres avaient rigolé et moi, je m'étais senti obligé de sourire.

Mais la vérité, c'est qu'ils me dégoûtaient ! Je ne pouvais rien dire, juste faire semblant, vaut mieux pas se faire remarquer avec ce genre de gars.

J'étais arrivé dans ce foutu camp en même temps qu'une armée de pauvres types. Certains étaient plus jeunes que moi, même plus jeunes qu'Anatoli. Juste quelques poils de moustache. Mais qu'est-ce qu'ils avaient bien pu faire pour se retrouver à la Kolyma ? J'aurais bien été discuter avec eux, mais je n'osais pas. J'avais reconnu deux jeunes qui avaient provoqué une bagarre à Vladivostok. Une histoire de fille, je crois. Une jolie blonde les accompagnait et il me semble qu'elle et le jeune homme brun aux cheveux bouclés sortaient ensemble. C'était terrible de voir leur douleur, fallait voir comment ils s'agrippaient l'un à l'autre, juste avant que les hommes et les femmes soient séparés pour embarquer comme des bestiaux sur les bateaux. Ils partaient pour Magadan et n'allaient plus jamais se revoir. Je m'étais souvenu combien j'avais eu du mal à quitter Katya et je les avais laissés s'embrasser. Ensuite, mon supérieur m'avait passé un savon. Tant pis, j'avais fait ce que je pensais être bien. On aurait dit deux chiots apeurés. Le brun bouclé restait collé au grand blond, un certain Anton ! Un furieux, celui-là, un air mauvais, hargneux, sûr qu'il allait essayer de ne pas faire long feu ici. Et l'autre ! Qu'il était triste !

J'étais chargé d'encadrer les prisonniers quand ils allaient à leur travail. Cette semaine, je devais garder ceux qui allaient dans les ateliers de menuiserie. Il se pouvait qu'ensuite, je sois affecté en forêt. Mon voisin de lit, Sacha, qui était arrivé avant moi, m'avait dit que c'était terrible. L'ennui surtout, les longues journées dans la neige, les pieds et les mains gelés à surveiller les zeks. Toujours être vigilant pour qu'ils travaillent plus et ne s'échappent pas. Pour l'évasion, je n'y croyais pas trop, je ne voyais pas comment ils survivraient dans cette région. Mais franchement, les pousser à toujours plus de rendement ! De vrais esclaves ! Dire que j'allais être détesté par tous ces hommes alors que je les plaignais de tout mon cœur. J'étais pas à l'abri : qui sait si un jour je ne serais pas à leur place ? Et j'avais pensé : « Si j'en aide un, j'aurai quand même une place au paradis. »

Moscou – Babouchka, grand-mère d'Alexeï

chapitre 4

– Quel nom ? Attendez ! Non, connais pas ! Repassez !

Je n'en pouvais plus d'entendre ces mêmes mots chaque semaine. Ça devenait lassant. Comme tous les mardis, je m'étais levée à l'aube, j'avais attrapé le premier tram et j'étais partie à la recherche d'Alexeï. Il devait bien être quelque part, mon petit-fils. Il avait disparu le matin du jour où il devait venir chez moi. Les parents de Svetlana m'avaient tout raconté en détail. Et ça m'avait déchiré le cœur de le savoir prisonnier de ces brutes, j'en avais pleuré des jours et des jours jusqu'à ce que je me secoue et décide de le retrouver par n'importe quel moyen.

Depuis, je hantais les salles d'attente, les couloirs nus et froids des prisons de la Loubianka et de la Boutyrka à Moscou. Et quand je rentrais chez moi, le paquet de vêtements et de livres préparés pour lui sous mon bras, je plongeais dans la nuit, dans l'angoisse qui m'empêchait de dormir depuis ces journées terribles où toute ma famille avait été enlevée. J'avais vieilli à toute allure, j'évitais de me regarder dans un miroir, je ne me reconnaissais pas. De vilaines rides étaient apparues au coin de mes yeux, mes épaules s'étaient affaissées et mes jambes s'alourdissaient ! Je ne savais pas d'où je tirais cette énergie pour courir les rues de Moscou.

Au coin d'une petite rue, après la prison de la Boutyrka, je m'étais arrêtée. Un coup d'œil autour de moi, personne. La petite église orthodoxe n'avait pas été encore fermée. Mais j'avais appris que l'édifice était surveillé par des hommes du NKVD traquant les croyants, ces traîtres qui vénéraient un autre Dieu que Staline, il fallait que je sois prudente. Dans le quartier, tout le monde le savait, et l'église était désertée. Sauf aux heures où les policiers partaient dîner et laissaient sans garde le petit porche. J'entrai et une jeune femme avec son bébé se faufila derrière moi. Nous ne nous sommes pas adressé la parole, c'était mieux ainsi. L'odeur d'encens m'emplit, j'aimais ce parfum plus que tout. J'avais toujours le sentiment d'être prise en faute quand j'entrais dans cette église. Je m'étais bien gardé d'avouer à ma famille que, depuis la mort de Maxime, mon tendre époux, j'avais trouvé la foi et m'étais détournée des hypocrites idéaux communistes. Ah, les dirigeants m'avaient bien roulée dans la farine, noyée dans leurs mensonges quand ils m'avaient annoncé le décès de Maxime. Ils pensaient que j'allais avaler leur couleuvre, mais moi, je n'avais jamais cru à la crise cardiaque diagnostiquée par les médecins du Parti. Maxime était en pleine forme à trente-cinq ans. Il avait lutté au côté de Lénine, et était resté un fervent trotskiste, et ça lui avait été fatal. Un assassinat, voilà la réalité, mais Alexandre, notre fils, n'avait jamais voulu me croire. Pour toutes ces raisons j'avais trouvé refuge et paix dans la prière.

J'allumai un cierge devant une statue en bois peint de saint Basile le Bienheureux[1] et priai devant la flamme tremblante. J'avais tellement de choses à lui demander que je bredouillais. Je devenais superstitieuse avec toutes ces épreuves, et parfois, je me disais que Dieu allait choisir de protéger le premier dont je prononcerais le prénom. J'oubliais le froid, l'obscurité qui envahissait peu à peu la nef, l'humidité qui montait des dalles, et mes yeux fixant la lumière voyaient se dérouler, les uns après les autres, les visages de mes bien-aimés. Un pope vint secouer gentiment mon épaule et m'invita à sortir.

Dans la rue, plusieurs « corbeaux noirs » roulaient à vive allure. Les passants, à leur approche, se collaient inconsciemment contre les murs, se glissaient sous un porche. Le gouvernement voulait nous berner, personne n'était dupe. Aucun de nous n'était à l'abri de monter dans ce sinistre véhicule.

Ce jour-là, j'avais eu le pressentiment que j'allais obtenir des renseignements. J'avais rêvé d'Alexeï pendant la nuit et j'étais sûre que c'était un signe du bon Dieu.

1- Vassili en russe.

Alors, quand dans la longue file d'attente devant la Boutyrka, j'avais entendu une petite voix donner notre nom de famille, mon cœur avait bondi. Je m'étais approché d'elle :

– Vous aussi, vous le recherchez ? Vous le connaissez ?

Elle devait avoir dans les seize ans, un joli sourire illuminait ses yeux tristes.

– C'est un copain de lycée. En fait, c'est mon meilleur ami.

J'étais tombée dans ses bras, je l'avais serrée et embrassée comme si elle était un ange. Malheureusement, elle savait peu de choses de la disparition d'Alexeï, mais elle me raconta leur dernière soirée ensemble, et ça me fit du bien d'entendre parler de mon garçon. Je m'étais même demandé si elle n'était pas amoureuse de lui mais je n'avais pas osé lui poser la question. Il serait toujours temps, nous devions nous revoir la semaine suivante.

Où pouvait-il avoir été envoyé ? Les îles Solovki, la Sibérie, ou sur un des chantiers colossaux dont s'enorgueillissait Staline comme le canal de la mer Blanche à la mer Baltique qui avait coûté, d'après ce qui se disait, des millions de vies humaines ? J'avais cru mourir de chagrin quand j'avais appris qu'Alexandre et Léna avaient été embarqués pour la Vorkouta, dans le bassin minier de la Petchora, à une bonne centaine de kilomètres du cercle polaire. Je préférais croire qu'ils n'avaient pas été séparés, ça me donnait bonne conscience, mais j'en doutais. Car j'avais dû, à un moment, faire un choix. À qui donner toute mon énergie de chercher, encore et encore ? Alexeï l'avait emporté, il était encore si jeune, si démuni. Et je m'étais juré de le retrouver si Dieu me donnait assez d'années pour aller au bout de ma quête.

Je m'arrêtai devant une épicerie. Il me restait de quoi acheter un chou et des pommes de terre. Avec de la chance, il y en aurait encore. La queue s'étendait jusqu'au bout de la rue, et la plupart des femmes qui étaient là discutaient entre elles, se donnant quelques tuyaux sur les boutiques qui offraient encore des légumes. Le peuple crevait de faim, mais qui s'en souciait ? La nuit était déjà tombée quand j'entrai dans le magasin. Il restait un chou, rabougri, enveloppé de feuilles pourries, un vieux chou arrivé de la campagne, après des semaines de voyage enfermé dans un cageot. C'était le dernier mais grâce à lui, j'allais manger pendant trois jours.

La rue était déserte quand je m'approchai de mon immeuble. Quelques personnes égarées pressaient le pas, on craignait les patrouilles, les voyous, les paysans qui débarquaient de la campagne, le ventre vide, les yeux hagards, décharnés, avec l'espoir de trouver du travail, n'hésitant pas à nous dépouiller avec violence pour un morceau de pain.

Mes pieds gonflés par la marche, je montai péniblement les trois étages, croisai mon voisin, Iouri, un homme entre deux âges, généralement taciturne. Ce soir, il était agité, faisait de grands gestes avec ses bras en me voyant arriver.

– Madame Anna, madame Anna, j'ai des nouvelles ! Incroyable !

– Des nouvelles de qui ? De quoi ? lui répondis-je, abasourdie par son excitation.

– Alexeï ! Ma femme l'a vu à la gare ! Il montait dans un train avec d'autres prisonniers ! Elle l'a reconnu, je vous le promets ! C'était bien lui !

– Alexeï ! Mais que faisait-il là ?

– Enfin, madame Anna, vous savez bien. Les personnes arrêtées sont envoyées dans des camps de travail !

Je soupirai. Il reprit son histoire :

– Ma femme revenait de Novgorod, elle était allée rendre visite à notre fille aînée qui s'y est installée avec sa famille. Vous savez, celle qui a épousé un ébéniste. Eh bien, à la gare, elle a croisé une colonne de détenus, les soldats les emmenaient vers des wagons. Et là, elle ne sait pas pourquoi, mais elle les a regardés. Les pauvres ! Si vous aviez vu cela ! Ils étaient tous blafards, débraillés et...

– Assez, assez. Et mon petit-fils, dites-moi, allait-il bien ?

Iouri se renfrogna. Il avait envie de raconter les mille petits détails que lui avait confiés sa femme, de faire durer le suspense. Ça me démangeait de le secouer pour faire sortir plus vite les mots de son gosier.

– Ma foi, il paraît qu'il avait bonne mine. D'après ma femme, ce convoi partait à la Kolyma !

Il était vivant, vivant ! Je le plantai là et m'engouffrai chez moi. Dieu m'avait entendu ! J'oubliais la fatigue, les douleurs et éclatai de rire, éclatai de joie. Enfin, je savais ce qu'il me restait à faire. La Kolyma ? J'irais et le retrouverais !

chapitre 5

Valentina, sœur d'Anton

Dans le train qui nous emmenait à Vladivostok, on s'était retrouvé, Anton et moi, près d'un jeune homme, plutôt mignon, mais qui avait un air complètement ahuri. Sûr qu'il se demandait pourquoi, lui, bon et fidèle communiste, avait atterri dans ce convoi ! Nous, ça faisait longtemps qu'on ne se posait plus la question mais ça, on ne pouvait pas le dire. Notre nom de famille, on le portait comme un châtiment, une chaîne, une honte et pourtant, chacun le sait bien, nous n'étions pas responsables des choix de nos parents ! Il semblait désespéré et j'ai eu pitié de lui. Je lui ai proposé des morceaux de sucre :

— Tiens, prends-les, j'en ai encore quelques-uns ! Ils ont échappé à la fouille !

Il les a engloutis sans me remercier. J'ai fait les présentations :

— Moi, c'est Valentina et lui, Anton, mon frère. Tu peux dire Tina, si tu préfères.

Il s'appelait Alexeï. Ses cheveux bruns tombaient en broussaille sur son visage fatigué et sali par les heures de voyage, il ne devait pas avoir plus de dix-huit ans. J'appris qu'il avait mon âge, dix-sept ans, et qu'il avait eu son anniversaire le lendemain de notre départ de la gare de Moscou. Je remarquai qu'il était intrigué par mon frère.

– Il ne dit plus rien depuis que nous sommes partis de la Boutyrka. Mais il n'a jamais été très bavard, ajoutai-je.

Il avait été arrêté après que ses parents eurent été emmenés en prison. Quand il m'interrogea sur notre histoire, je fus assez brusque :

– Nos parents ont été mis en prison et nous avec eux. Pas grand-chose à dire de plus !

Anton s'était raidi, les traits de marbre, et comme d'habitude, il était devenu pâle. C'était à chaque fois pareil, ça le rendait malade.

– Je suis sûr qu'ils vont se rendre compte de leur erreur et nous libérer. Ça a bien dû arriver quand même ! nous dit le jeune Alexeï.

– Chacun croit ce qu'il l'arrange !

J'avais été ironique et je vis à son regard blessé que j'avais été trop loin. Je repris :

– Excuse-moi ! On ne s'en sortira pas, comment peux-tu penser le contraire ?

Ce n'était pas la réponse à laquelle il s'attendait.

– Tais-toi ! dit-il brusquement. Fous-moi la paix !

C'était certainement difficile à entendre pour lui qui avait encore des illusions, mais ça faisait longtemps que j'avais compris que le mal était partout, niché autour de nous, souvent visible, parfois enterré dans les profondeurs d'une âme. Je l'avais décelé dans les choix de mon père, les silences inacceptables de ma mère, dans les cris des policiers, dans les regards et les gestes des soldats, dans leur foi dans le communisme et maintenant, je le guettais, je le humais, je le reconnaissais. Je gardais tout ça pour moi, à quoi bon tenter de convaincre les aveugles et les sourds qui croyaient à un monde de bonté ?

Le train s'arrêta une fois de plus au milieu de nulle part. Des hommes criaient, des lampes balayaient la voie ferrée, et la porte de notre wagon s'ouvrit, laissant s'engouffrer un air glacé. Je sautai dans la neige et m'y enfonçai jusqu'aux mollets. Je la pris à pleines mains et la dévorai pour étancher ma soif. Un coup de crosse porté sur mes épaules me fit tomber. Je me relevai douloureusement :

– On te l'a déjà dit, tu ne dois rien avaler sans qu'on t'en donne la permission, aboya un jeune soldat. Tu sors pour pisser, pas pour autre chose.

Dans la nuit éclairée par la rondeur d'une lune bienveillante, des grappes d'hommes, de femmes et d'enfants bondirent et s'élancèrent sous le wagon, contre la voie, pour se soulager. Plus aucune pudeur ne nous habitait et nos regards vides, comme les animaux, se portaient loin dans la nuit. Cela nous évitait d'utiliser les latrines improvisées dans le wagon : un trou donnant sur la voie, protégé par des châles. En remontant dans le train, les gardes nous distribuèrent des quignons de pain noir avec du poisson salé et une timbale d'eau. Je les enfournai dans une poche, n'osant pas les engloutir tout de suite bien que mon ventre fût tortillé par la faim. Je pris délicatement le précieux breuvage, prenant soin de ne pas le faire tomber à terre.

– Et demain ? demanda une vieille femme.

Un coup de feu tiré en l'air la fit taire. Le jeune soldat la poussa sans ménagement, elle tomba et il lui donna un coup de pied dans les côtes. Elle ne hurla pas, mais sans force, ne put se relever. Deux hommes de notre wagon la hissèrent sans mot dire.

Le train reprit une allure poussive, les essieux grinçaient et peu à peu, les prisonniers s'endormirent. Dans leur sommeil, certains gémissaient, d'autres soufflaient ou encore soupiraient, tentant de s'allonger pour se redresser brusquement sous les grognements de leurs voisins. Je me blottis entre les deux garçons, nous nous réchauffions. Je n'avais qu'un chandail quand les policiers m'avaient emmenée et une large étole de laine noire dans laquelle je m'étais enroulée. Anton enfonça sa casquette sur ses oreilles. Je tombais dans un mauvais sommeil, sans cesse réveillée par le froid qui m'ankylosait. Mes genoux me faisaient souffrir, la faim me harcelait et je ne voulais pas mourir dans ce wagon à bestiaux même si je pensais que je le méritais plus que les autres. Oui, durant cette terrible traversée des plaines gelées, je croyais être maudite, portant en moi la cause des malheurs de mes compagnons.

Notre voyage dura plus de trois semaines pendant lesquelles, au début atterrés par la proximité des morts, nous devînmes indifférents aux corps inertes que chaque soir les soldats déchargeaient. Ces cadavres disparaissaient dans la nuit, derrière des arbres fantômes, traînés comme des pantins, leurs jambes laissant de profondes traces qui s'effaceraient bien vite dans la neige.

Par moments, lorsque la nuit tombait, je chantonnais des pièces entières de Mozart, de Liszt avec une préférence pour les *Variations Goldberg* de J. S. Bach. Alexeï m'écoutait, passionnément, et me questionna un soir. Je lui avouai mon rêve, maintenant brisé, de devenir pianiste. Je devais passer l'examen final au conservatoire et j'avais été arrêtée la veille du concours. J'avais dû renoncer, me dire que c'était fini, car que quel que soit l'âge auquel je sortirais de cet enfer, je serais trop vieille. Parfois, en avoir conscience était encore plus douloureux que porter la honte de mon nom de famille.

— Mon prof, Constantin Igoumnov, devait me prendre dans sa classe de concertistes. Ces salauds m'ont cassée ! Des années de boulot, six heures par jour devant le clavier et pour quoi ? Rien, regarde mes doigts !

Et je lui montrais mes mains, longues, des mains de pianiste, rougies par le froid, douloureuses et gonflées.

Ce fut la seule confession que je fis à notre nouvel ami. Jamais, nous ne nous racontâmes notre arrestation, ni ne parlâmes de nos parents. Dans ce convoi, j'imaginais que la moitié des personnes devaient être là à cause de mon père. Et quand je les regardais, ces pauvres pantins, un peu plus maigres chaque jour, assoiffés, exténués, pleurant leur famille et leur maison, je me disais que je n'avais pas eu de chance d'être née de cet homme et qu'il faudrait plusieurs générations pour oublier cette honte. Il valait mieux se taire, se faire toute petite, se fondre dans la masse et supporter bravement ce que mon père avait provoqué.

Et je rougissais, tremblais, quand les zeks du wagon ruminaient la prison, les humiliations, les tortures en jurant de parvenir à jeter leur haine à la face des responsables.

Je ne saurais dire si ce furent les épreuves, la précarité de notre futur ou tout simplement un coup de foudre qui nous unit, mais très vite, je ne pus détacher mon regard de celui d'Alexeï. Les derniers jours, nous prîmes conscience que nous risquions d'être séparés. Je n'étais pas certaine qu'on laisse les hommes et les femmes ensemble. Une angoisse sourde m'étrangla et je lui chuchotai :

– Quoi faire ? Je ne survivrai pas, loin de toi, de mon frère !

La terreur m'envahit, je me représentai seule, parmi des femmes inconnues, des soldats prêts à me battre, à abuser de moi, et je paniquai, pour la première fois depuis notre arrestation.

– Leur dire que nous sommes fiancés ou mariés, me dit-il abruptement. Peut-être qu'ils ne séparent pas les couples ?

– Tu crois ? C'est sûrement une bonne idée, répondis-je, me raccrochant à cette drôle de proposition.

– Il faut se mettre d'accord, avoir tous les deux le même discours, m'expliqua-t-il. Comment leur prouver que nous sommes ensemble alors que nous ne nous connaissions pas avant le départ ?

Puis, après un temps de réflexion :

– Oublie, ils ne marcheront pas.

C'est vrai, on ne pouvait pas trafiquer les papiers qu'ils avaient entre leurs mains.

– Personne ne peut savoir si nous sortions ensemble

avant notre arrestation. Tu as été pris chez toi, et moi avec mon frère, chez nos parents. On peut très bien leur dire que l'on était à quelques jours de notre mariage.

Si nous parvenions à leur faire avaler cet énorme bobard, on était sauvés ! Mais je n'y croyais qu'à moitié, ils étaient malins, et nous ne devions pas être les premiers à tenter la chose. Il n'osa pas refuser :

– Oui, t'as raison, essayons !

La nuit noire de notre wagon nous protégeait. La plupart du temps, nous n'y voyions pas plus loin que le bout de notre bras tendu. Sauf les soirs de pleine lune où elle filtrait à travers les interstices des planches de bois. De nombreux compagnons somnolaient. Anton souriait à ses rêves. J'avais posé ma tête sur les genoux d'Alexeï et il m'embrassa timidement. Mon premier baiser ! Je crois bien que nous restâmes ainsi jusqu'à l'aube, l'un et l'autre à se caresser, et le désir montait jusqu'à effacer les planches en bois du wagon, le froid, l'odeur des corps sales. Quelle folie dans ces circonstances ! Si un gardien nous avait surpris, on aurait pu être fusillés !

Alexeï – Noël

chapitre 6

Même après avoir avalé la soupe, je n'étais jamais rassasié. J'étais prêt à faire n'importe quoi pour trouver de la nourriture, racler les gamelles, gratter la terre pour trouver des racines, voler dans la cuisine. La faim rongeait mes entrailles et j'enviais les zeks plus rapides que moi qui engloutissaient les épluchures que le cuisinier jetait chaque soir. Ils étaient nombreux à le guetter, c'était chasse gardée.

Je devais avoir de plus en plus un regard de fou car Vadim s'approcha, inquiet :

– Au bout d'un moment, tu apprivoiseras la faim. Tu feras comme moi, on oublie un peu.

Il sauta du coq à l'âne :

– T'as été à l'école, j'aimerais bien entendre de la poésie !

J'étais stupéfait. De la poésie, ici, parmi cette laideur et cette souffrance qui nous engluait ? Il se moquait de moi ou il avait perdu la tête. Pourtant, il insista, et je compris que c'était pour me changer les idées, alors je creusai ma mémoire. Il escalada mon châlit, s'assit à côté de moi, sur ma couche et je lui chuchotai quelques strophes d'un poème de Pouchkine, *Le Prisonnier*, un des préférés de ma Babouchka :

Debout, près des barreaux de mon cachot humide,
Je regarde un jeune aigle en cet enclos obscur,
Compagnon de malheur qui de son bec avide
Déchire sa pâture informe auprès du mur.
Parfois s'interrompant, il fixe ma fenêtre ;
Devinant ma pensée, il paraît m'appeler,
Du regard il m'invite et son cri me pénètre,
Comme s'il me disait : « Viens, on va s'envoler ! »

– Je me souviens pas de la suite ! dis-je, dépité.

Pendant quelques minutes, j'avais tout oublié des baraquements et des zeks. Et je tenais une petite vengeance, minuscule mais bien présente : ils n'avaient pas pris ma mémoire, ils n'avaient pas englouti mon amour des lettres. Vadim souriait mélancoliquement et me dit :

– C'est beau ! Faut que je te dise, je n'ai jamais été à l'école ou si peu !

À force de travailler côte à côte, nous étions devenus proches. J'avais découvert qu'il était très habile et qu'il sculptait des petits animaux dans le bois qu'il parvenait à chourer à l'atelier. Avec un morceau de verre effilé, il modelait des chats, des chiens et des oiseaux, et ces objets taillés grossièrement avaient le charme précieux et déplacé de bibelots qui étaient incongrus dans un camp de travaux forcés. J'étais étonné qu'il montrât autant d'adresse malgré ses doigts gonflés par le travail et les engelures qui lui arrachaient des cris de douleur.

Ses longues années d'enfermement lui avaient appris la résignation, il m'aidait à contrôler mes accès de désespoir, ces instants où j'avais envie de mourir plutôt que de continuer à vivre.

– Tu sais lire et écrire ? lui demandai-je.

– Je déchiffre, répondit-il humblement. Jamais eu le temps d'apprendre correctement. Chez nous, on travaillait la terre dès nos huit ans.

– Je pourrais t'aider, si tu en as envie !

Il eut un regard malicieux.

– Tu saurais ? À un autre moment, je t'aurais dit oui, mais là... Non, apprends-moi plutôt des poésies, elles me font rêver.

J'avais déjà écouté un homme racontant à sa manière *Guerre et Paix* de Dostoïevski. Il tenait en haleine son auditoire même s'il prenait quelques libertés avec le texte original. D'autres contaient des histoires de leurs régions et, à défaut de livres, nous avions encore notre imagination.

Anton et Fédor rentrèrent bruyamment dans notre baraquement. Maintenant, on ne levait même plus la tête à leur arrivée. Depuis qu'ils étaient devenus inséparables, Anton avait toujours dans ses poches du pain et du sucre que, parfois, il partageait avec moi, le soir, quand les lumières étaient éteintes. Il ne voulait pas me raconter à quel trafic il se livrait, mais il en était fier et ça me dépassait.

– Grâce à moi, on ne crèvera pas de faim ! chuchotait-il le soir, lorsque nous nous retrouvions.

— Peut-être, mais ce Fédor est une brute !

— Laisse-le tranquille ! Ce n'est pas un mauvais gars ! Il est malin, même ! Et puis tout cela, ça me regarde, t'en mêle pas !

Au fond, on se supportait difficilement maintenant. Je le détestais et lui aussi, mais ni l'un ni l'autre ne l'aurait avoué ! Il était le frère de Tina, j'étais le petit ami de sa sœur. Quand je pense qu'à notre arrivée, nous ne nous serions pas séparés pour tout l'or du monde. En fait, il avait bien caché son jeu et, sous ses airs de grand désespéré, il était comme les autres de sa bande, un violent. Quand Vadim avait essayé de le mettre en garde, il lui avait craché au visage en sifflant :

— Pauvre vieux, t'es qu'une loque et tu finiras ici !

Le soir même, il m'avait prévenu :

— Dis à ton nouvel ami de se tenir en dehors de mes histoires, sinon...

— Sinon quoi ? avais-je demandé.

— Sinon, il pourrait lui arriver malheur. Pareil pour toi, je ne pourrai pas te protéger tout le temps !

— Perds pas ton temps avec moi ! Rien à faire de tes prétendues protections !

Il sourit, il avait perdu une de ses dents dans une bagarre et le trou noir dans sa bouche lui donnait un air de pirate.

— C'est vrai que tu fréquentes les pourris de gardes, maintenant !

Il ne me laissa pas le temps de répondre. Depuis que Nikita, le jeune gardien me parlait et ne me quittait pas des yeux, les zeks se méfiaient. Ils pensaient que je les espionnais pour obtenir des faveurs. J'avais essayé de ne pas lui répondre, de l'envoyer promener, mais j'avais craqué quand il m'avait donné des quignons de pain. Je n'avais pas de scrupules à les prendre, je le remerciais à peine et j'allais me cacher pour les manger. J'étais arrivé au point où je ne partageais même pas avec mes amis.

D'ailleurs, ce gars était plutôt gentil, différent des autres crétins qui nous surveillaient. Il y avait comme du regret dans sa voix, de l'amertume d'être là. Mais ça, il ne pouvait pas le dire, je le devinais. Nikita me protégeait, je l'avais compris, je n'en étais pas forcément fier mais rassuré, oui !

Le soir du 25 décembre, Vadim m'attira dehors. Le ciel noir grouillait d'étoiles et je n'avais jamais encore vu une Voie lactée aussi somptueuse.

– C'est Noël ! souligna-t-il.

– Ah oui, déjà ! Je suis perdu dans les dates ! De toute façon, chez moi, on l'a jamais fêté. Tu sais, la religion...

– J'ai toujours été à l'église ce soir-là. Toujours !

Mes parents étaient athées et comme eux, je plaisantais sur les gens qui s'en remettaient à Dieu pour leur destin. J'avais cru comprendre que Babouchka était devenue croyante après la mort de mon grand-père, mais elle était restée très discrète sur le sujet. Parler de Dieu ici ! J'avais envie de me moquer de Lui et de tous Ses saints ! Comment pouvait-Il permettre cette horreur ? S'Il existait, je Le haïssais ! Mais comme je doutais de cette fable, je préférais jeter ma haine sur l'autre dieu du peuple, Staline. C'était fini, je n'étais plus innocent, je n'étais plus dupe.

— Certains vont célébrer la naissance du Christ dans une baraque. Tu veux venir ?

J'étais curieux de voir comment des hommes pouvaient se raccrocher à leur foi.

— Je t'accompagne. Mais ne me demande pas de prier !

Il sourit :

— Ta présence suffira !

Nous sortîmes discrètement de notre baraquement. Dehors, un homme que je n'avais jamais rencontré nous attendait.

— Qui c'est ? T'es sûr de lui ?

Vadim acquiesça. L'homme était méfiant et hésita quelques minutes avant de nous emmener vers une baraque, au bout du camp. Nous courûmes dans l'obscurité, nous cachant derrière des congères lorsqu'un soldat apparaissait. Mon cœur battait comme un fou, je regrettais de prendre le risque de me faire attraper.

Un chant psalmodié par des hommes s'arrêta brusquement quand nous ouvrîmes la porte. Au fond de la grande pièce, une petite table avait été dressée comme un autel et deux icônes étaient posées dessus. Je n'en avais encore jamais vu d'aussi près, si ce n'est dans mes livres d'histoires. Les visages mystiques des saints, dont la peinture dorée ajoutait une touche irréelle, étaient incongrus dans le décor. Des bougies à la flamme tremblotante n'arrivaient pas à éclairer la pièce. Le pope s'était enveloppé d'un drap blanc et chuchotait des prières que nous entendions à peine. Je fus saisi par la ferveur qui empoignait ces hommes, d'habitude si frustes. Leurs regards étaient suspendus aux gestes du prêtre, et rien n'aurait pu perturber leurs prières.

L'homme qui nous avait accompagnés était posté près de la porte, l'ouvrant de temps à autre pour surveiller le dehors. Je restai près de lui et laissai Vadim s'approcher du groupe. Un calme, une sérénité inhabituelle nous entourait. J'écoutais leurs mots d'une oreille distraite, attiré par l'attitude puissante du pope. Il priait fervemment et se fichait bien du danger. Si l'on était pris, l'on risquait tous de partir en prison, d'être battus, voire pire !

Ce fut une heure en dehors du temps. Et je pris la peine de réfléchir à ces hommes qui trouvaient un sens à ce qu'ils enduraient. Je ne pus m'empêcher de les admirer. Une fois la messe terminée, le prêtre rangea son drap dans une cache et l'ambiance changea. Un Ukrainien sortit une bouteille de vodka, d'autres du pain et même des pommes de terre. Je ne me demandais plus comment ils avaient fait pour obtenir cela, le marché noir était courant dans les camps.

Vadim vint me chercher :

– Alors, ça t'a plu ?

– Pour un peu, je me serais converti ! répondis-je en souriant.

– C'est pas impossible ! répliqua-t-il en mettant entre mes mains un petit verre de vodka.

Des hommes discutaient avec le pope et Vadim m'entraîna vers eux. L'alcool réchauffait corps et âme et je serrai fermement la main du prêtre. Il ne posa aucune question sur ma venue dans la baraque, mais s'intéressa à mes études.

– Et ensuite, Alexeï, que feras-tu de ta vie ?

– Je ne pense pas avoir un grand avenir ! répondis-je d'un ton amer.

Il ouvrit de grands yeux, comme étonné par cette sombre réponse.

– Pourquoi dis-tu cela ? Tu sortiras bien un jour, non ?

Je ricanai :

– C'est ce que je pensais avant d'arriver ici ! Vous en connaissez beaucoup, des gens qui sont de nouveau chez eux ?

Il ne prêta pas attention à mon ironie :

– Bien sûr, seule la foi peut encore faire croire à la liberté. D'ailleurs, la foi est une des seules libertés que le zek a encore ici.

Je n'avais rien à lui répondre, mais je gardai sa phrase en moi. Il me fit un clin d'œil et se tourna vers d'autres. Je ressentis une certaine distance de sa part, et, maussade, je me sauvai dans un coin. J'en voulus à Vadim de m'avoir invité dans ce cercle où je n'avais pas ma place. Un instant, j'avais baigné dans un monde amical, qui me rappelait celui des grandes réunions chaleureuses du Komsomol. Un trompe-l'œil ! J'avais juste voulu croire en l'humanité pendant une heure et je retombais dans la réalité. La quiétude que j'avais ressentie au début disparut et je me faufilai dans la nuit noire, rejoindre mon baraquement.

Le brouhaha de la pièce me cingla. C'était une véritable orgie, les zeks étaient saouls et chantaient à tue-tête des chants révolutionnaires. Certains s'amusaient à se battre, d'autres, écroulés sur le sol, ronflaient et cuvaient leur vin. Anton et Fédor lançaient des couteaux entre les bras et le corps d'un homme que l'on surnommait « Trotski », car il jurait à tout le monde qu'il l'avait connu intimement. Les canifs faisaient un bruit sec lorsqu'ils se fichaient dans le bois de la porte, et les parieurs autour d'eux se donnaient des bourrades.

Là aussi, on fêtait Noël. Anton me vit et se fraya un chemin jusqu'à moi.

— Suis-moi, on va rigoler !

— Lâche-moi, je n'ai pas envie de me marrer avec eux !

— Allez, ne sois pas idiot. Tu vas voir, tu vas vivre un grand moment.

L'alcool avait bouffi ses yeux, son haleine aurait pu enflammer une allumette. Il me poussa brusquement contre la porte et « Trotski » m'esquiva de justesse, me laissant sa place dans un rire démoniaque.

— À toi lavette, montre-nous de quoi tu es capable !

Anton grinçait des dents, se trémoussait en brandissant son couteau.

— C'est mon ami ! hurlait-il. Lui, je ne lui ferais aucun mal.

Un geste de fuite de ma part et ses compagnons me colleraient contre la porte. Je n'avais aucune échappatoire et je cherchai à attraper le regard d'Anton. Mais il se dérobait, trop ivre pour entendre, trop fou pour mesurer ses actes.

Le premier sifflement vrilla mes oreilles. Le couteau se planta à quelques centimètres de mon épaule. Un hurlement de joie couvrit les cris de victoire de mon ami. Il reprit son canif puis murmura à mon oreille :

— Surtout, là, tu ne bouges pas. Je vais faire un lancer particulièrement difficile.

Pourquoi n'étais-je pas resté avec Vadim ? Je n'arrivais

pas à contrôler mes tremblements, je claquais des dents et les autres applaudissaient comme à un spectacle de cirque, lançant en l'air leur chapka. Je ne voulais pas finir sous les coups d'un ami. Mais je n'avais pas la force de lui résister, alors je fermai les yeux et adressai une prière à ce Dieu que je ne connaissais pas mais que j'avais rencontré une heure plus tôt.

Le canif se planta entre mes jambes et je m'écroulai sur le sol. Anton m'aida à me relever, me félicitant pour mon courage. Je lui crachai au visage sous les moqueries des autres. Je le vis s'essuyer et ramasser l'argent qu'il avait gagné des mains des parieurs. Il hurla :

– Bravo ! Tina mérite d'être avec un homme comme toi !

Le camp avait modelé mon ami à son image : féroce et haineux.

Je n'attendis pas le retour de Vadim. Je me hissai péniblement sur mon châlit, mes muscles criaient, ma tête bourdonnait. Je le maudissais, je lui souhaitais les pires malheurs, mais ça ne changeait rien à la honte que j'avais ressentie, cette humiliation d'avoir été une marionnette entre ses mains. Peu à peu, les zeks s'effondrèrent dans un sommeil peuplé de ronflements et de rots, et l'aube jeta sa lumière grise sur le plancher de notre baraque. Ce jour-là, exceptionnellement, les prisonniers n'iraient pas travailler.

Nikita
chapitre 7

J'avais espéré obtenir une permission pour Noël mais *Niet* ! Ceux qu'étaient là depuis plus d'un an partirent dans leur famille et les autres restèrent dans le camp. Je haïssais ce *lagpounkt*, habité par des morts-vivants, des pauvres types qui n'avaient plus beaucoup de temps à vivre. Je les détestais parfois de se traîner comme des loques, je ne voyais plus des hommes, mais des animaux. Ils étaient minables, se battaient pour un morceau de pain, cherchaient toujours à tirer au flanc, en faire le moins possible. Et qui en étaient finalement responsables ? Nous, les gardiens, car quand ils ne remplissaient pas les normes, on se faisait remonter les bretelles par notre commandant ! Ça pouvait aller jusqu'à la prison pour nous ! Alors, voilà pourquoi je ne les plaignais plus. Pour sauver ma peau, pour revoir un jour Katya et qu'elle ne me reproche pas de n'avoir rien fait pour la retrouver ! Je n'avais pas le choix : c'était moi ou eux !

Je comprenais maintenant pourquoi, quand j'étais arrivé là, mes compagnons m'avaient dit qu'il ne fallait pas avoir pitié, qu'ils méritaient d'être traités comme des chiens : si on pense qu'ils ont une âme et des émotions, alors on souffre et on plonge dans la laideur de l'humanité. Ça fait mal ! Et j'avais pas envie de souffrir encore plus dans mon cœur, j'avais froid, le travail était dur, la région sinistre, ma famille me manquait. Y' avait qu'Alexeï pour qui je craquais, lui, je l'aimais bien, je savais pas pourquoi, peut-être que je le protégeais pour pas me trouver trop moche et sans-cœur ! Au début, il voulait rien savoir, mais il avait cédé et il avait pris mon tabac, les verres de thé et me remerciait par un sourire. C'était un vrai gentleman, un gars de la ville, bien élevé. Et surtout, il ne profitait pas de ma gentillesse.

À force d'insister, un jour, il avait bien voulu discuter :

– Pourquoi vous êtes comme ça avec moi ? Pourquoi moi et pas un autre ? il avait commencé.

– Si j'te dis que tu me fais penser à mon p'tit frère ! j'avais expliqué.

Il m'avait regardé ahuri. Comme si, nous les gardiens, on n'avait pas de famille. J'avais repris :

– Oui, mon frère Anatoli, il est resté au pays, chez mes parents. Il doit avoir ton âge !

– Et c'est pour ça que vous m'aidez !

– On n'est pas tous des chiens, dans le camp !

Il avait levé un sourcil puis haussé les épaules. J'avais continué :

– Pourquoi tu me vouvoies ? Tu peux m'appeler Nikita, enfin, quand on est tous les deux !

Il avait hoché la tête en souriant. Je l'apprivoisais.

– Vous... Tu ne veux vraiment rien en échange ? il m'avait demandé.

– Non, rien, sauf que tu la boucles parce que j'ai pas le droit de faire ça.

Voilà comment avait débuté notre amitié, enfin, si on pouvait appeler comme ça cette relation ! Je crois bien qu'Alexeï avait accepté mes cadeaux et mon aide uniquement pour ne pas crever. Il savait que ma protection valait mieux que toutes celles des zeks de droit commun.

La nuit du 25 décembre, il n'avait jamais appris que je le surveillais. Je l'avais vu sortir avec un vieux détenu. Celui-là, il paraît qu'il était là depuis des années, c'était un paysan de l'Oural, un type qui connaissait la terre, comme moi. Il se faisait jamais remarquer. Je les avais suivis jusqu'à un baraquement où ils étaient entrés discrètement. Mon copain Sacha les soupçonnait de fêter Noël. Si le commandant l'apprenait, ils seraient condamnés à des jours et des jours de cachot, voire à la prison de la Serpentine [1], d'où ils ne sortiraient jamais vivants. Sacha voulait les dénoncer, il disait que ce Jésus faisait de l'ombre à Staline, que leur réunion était contre-révolutionnaire et que c'était l'occasion de faire un peu de ménage ici ! Mais moi, je pensais qu'ils ne faisaient pas de mal et que si ce Jésus les aidait à supporter ce cauchemar, eh bien, il fallait laisser faire. Ça m'avait coûté deux paquets de tabac et une bouteille de vodka ! Mais valait mieux ça

1- Serpentine : prison tristement célèbre de la région de la Kolyma.

plutôt qu'il traîne avec Anton et Fédor, ces deux vermines. On les avait à l'œil, ceux-là ! On avait appris qu'ils voulaient s'échapper. Des p'tits durs qu'avaient rien dans le crâne. Tout le monde était au courant, un des zeks avait bavé contre une remise de peine de cinq ans ! Hé hé, on ne pouvait faire confiance à personne, ici ! La seule chose qu'il n'avait pas su nous dire, c'était quand ! Mais on les surveillait de près ! Alexeï avait l'air attaché à son ami, pourtant fallait voir comment l'autre le traitait ! Qu'est-ce qu'il pouvait bien lui trouver ? Cet Anton était une grande gueule, il frimait depuis qu'il était dans les petits papiers de Fédor ! Il devait s'imaginer que c'était arrivé, qu'il allait devenir un caïd, qu'il allait se la couler douce jusqu'à la fin de sa peine. Et puis quoi encore ! Pour le moment, on les laissait faire, mais le jour viendrait où on les coincerait ! Et là, pas de pitié ! Staline l'a bien dit, pas de place pour des gens qui font pas l'effort de travailler. Quand j'étais arrivé ici, je me fichais de tous leurs discours, je n'y comprenais rien et puis, cela m'ennuyait. J'avais même pitié des zeks ! Mais comme disait Sacha, la pitié, c'est bon pour les faibles, et nous, on n'avait pas le droit de l'être !

Et depuis, j'avais changé, réfléchi ! À force de vivre tous les uns sur les autres, sans jamais se quitter, on ne voit plus les choses de la même manière. Sacha avait raison : le travail manuel, ça avait du bon, ça les matait ! Fallait les voir aujourd'hui, ces intellectuels qui nous prenaient de haut, en essayant de nous bourrer le crâne avec leurs grandes théories ! Maintenant, ils changeaient de ton ! Respect devant les gardiens ! Ils comprenaient ce que c'était de mettre ses mains dans la terre, de trimer, de creuser, de porter de lourdes charges et le soir, d'avoir tout le corps qui tiraille de douleur ! Ils savaient maintenant ce qu'on avait enduré, nous les paysans ! Et moi, ça me faisait du bien, j'étais même content de les savoir épuisés, courbés en deux à cause de leur dos cassé, et parfois, je me reconnaissais pas de penser ainsi.

Hier, j'ai reçu une longue lettre de Katya. Heureusement, elle n'attend pas de bébé. J'ai pleuré quand j'ai lu qu'elle allait être obligée d'aller en ville chercher du travail. Y en a plus dans nos campagnes, et notre petit bout de terre ne suffit pas à nourrir une famille. Comment va-t-elle se débrouiller ? J'ai peur des mauvaises rencontres qu'elle pourrait faire. Ma Katya ! Je lui proposerais bien de me rejoindre, mais elle ne survivrait pas dans cette région. Trop froid, trop terrible, trop répugnant ! La seule manière pour moi de m'en sortir, c'est d'obéir aux ordres. Et tant pis si y' en a qui crèvent. Au moins, je suis sûr d'aller sans ennui au bout de mon temps !

Babouchka – Moscou

chapitre 8

Depuis plusieurs mois, Staline étranglait notre pays, et ordonnait d'arrêter toutes les personnes risquant de porter atteinte à son pouvoir. Dans son cercle intime, les têtes tombaient. Des procès hâtifs expédiaient le sort des accusés. Les purges continuaient de plus belle, on emprisonnait, on envoyait les suspects dans les goulags ou on les fusillait. Nikolaï B. avait été arrêté, ainsi que sa femme et ses deux enfants. Ils avaient l'âge d'Alexeï. Je l'aimais bien, cet homme politique, il avait toujours défendu les poètes, les écrivains, les musiciens, et je me souvenais de l'avoir croisé, il y a longtemps, quand Maxime était encore vivant. On était presque devenus amis, et il m'avait fait admirer sa collection de papillons, un soir après le dîner, alors que les autres hommes fumaient et discutaient politique. Je n'avais jamais compris comment ce personnage doux et attentif avait pu ordonner l'exécution de milliers de personnes.

Son procès retentissant m'avait fait frémir, et j'avais pleuré quand j'appris son exécution. Qu'était devenue sa famille ? Il aimait tellement ses enfants, un garçon et une fille. Un moment, j'avais songé à prendre de leurs nouvelles, puis j'avais renoncé ! D'autres chats à fouetter !

Les gens n'étaient jamais certains, en rentrant chez eux, de retrouver leurs proches. On se méfiait de son voisin, de ses collègues et parfois de sa propre famille. On se taisait, évitant de donner son opinion en public, pesant ses mots quand on prenait la parole, espionnant les gestes et les attitudes des uns et des autres. Le peuple soviétique devint une menace en puissance pour le pouvoir en place.

Dans l'immeuble, j'avais vu partir, emmené par des membres du NKVD, mon voisin du rez-de-chaussée, directeur d'une usine d'armement. À la suite d'une visite d'un collègue italien admiratif de la modernité de son équipement, il avait été accusé de vendre des secrets d'État à l'étranger. Mon cœur s'était serré quand j'avais croisé les sinistres hommes en noir dans le hall, ceux-là mêmes qui m'avaient séparée de ma famille. J'avais eu envie de leur cracher à la figure, et ils avaient perçu la haine que je leur envoyais car ils avaient demandé à vérifier mes papiers.

Chaque jeudi, je retrouvais Ludmilla dans un café de la rue Gorki, et ça me mettait le cœur en fête. Nous prenions nos précautions, il fallait toujours se méfier. La jeune fille était douce, résignée, mais je supposais qu'elle ne serait pas capable d'attendre indéfiniment Alexeï. Ce jour-là, j'avais une grande nouvelle à lui annoncer, et je savais qu'elle allait sauter de joie. J'avais appris, en parlant avec un policier bavard d'un bureau du NKVD, le nom du camp où était prisonnier mon petit-fils. Depuis des semaines, je négociais cette information avec des ronds-de-cuir. Ils ne cédaient pas un pouce de leur petit savoir, de leur pouvoir. Et puis, un coup de chance, cette après-midi-là, c'était un remplaçant. Plutôt débonnaire, il n'avait pas fait de manières et m'avait même conseillé de demander l'autorisation de lui rendre visite. J'avais les formulaires à remplir avec moi, cachés sous mon gilet, et j'étais plus que jamais décidée à le rejoindre.

Je devais juste l'annoncer à Ludmilla sans que celle-ci ne s'effondre en larmes devant tout le monde. Il ne fallait surtout pas qu'on la remarque, les pleurs attiraient les regards et les questions.

En fin de journée, le café ne désemplissait pas. La fumée épaisse me piquait les yeux, je repérais une petite table, dans un coin. J'aimais bien être en avance, observer les gens. Sous mon gilet, il y avait aussi le papier où j'avais noté soigneusement le nom du *lagpounkt* où Alexeï était enfermé. Contre mon cœur, en porte-bonheur.

Ludmilla m'embrassa délicatement.

– Quoi de neuf ? lui demandai-je.

– J'ai du travail par-dessus la tête. C'est bientôt la période des examens. Au fait, maman vous invite la semaine prochaine pour un dîner. Elle aimerait bien faire votre connaissance.

Je souris. Si tout se déroulait bien, je ne serais plus là la semaine prochaine.

– Et vous ? reprit Ludmilla. Qu'avez-vous fait ?

– J'ai couru les bureaux, les fonctionnaires, comme d'habitude. J'ai passé du temps avec une de mes voisines, son mari a été arrêté.

La jeune fille se renfrogna et jeta un regard inquiet autour d'elle.

– Comme mon prof de maths. Il n'est jamais revenu au lycée ! chuchota-t-elle. On dit qu'il préparait un coup d'État contre...

J'éclatai de rire. Bien entendu, ils étaient tous des traîtres, le pays en comptait plus que nulle part ailleurs dans le monde ! Ludmilla grimaça, elle gobait facilement tous les mensonges qui se colportaient dans Moscou.

– Et vos recherches ? reprit-elle.

Sans un mot, je posai le papier devant elle. Elle le lut plusieurs fois avant de comprendre.

– Il est là ?

– Oui, et je vais aller le voir. Ludmilla, j'ai une proposition à te faire : veux-tu m'accompagner ? Je te paie le voyage !

Elle s'empourpra et joua avec une petite cuillère.

– C'est si loin ! Et puis, ça peut être dangereux !

Je regrettai aussitôt de le lui avoir proposé. C'était ridicule d'avoir pu penser que cette jeune fille accepterait. Cela se devinait, elle avait peur, peur d'être fichée, montrée du doigt, accusée d'être l'amie d'un zek. Elle réagissait comme la majorité des personnes, méfiante, prudente !

– Oublions ! dis-je rassurante. Oui, je viendrai chez vous avec plaisir ! Dis à ta mère que c'est d'accord pour la semaine prochaine, préférai-je mentir.

Nous nous quittâmes tristement. C'en était fini de nos

rencontres dans ce café, j'allais partir et Ludmilla oublierait cette parenthèse. Et qui aurait pu dire quand j'allais revenir ? Le souhaitais-je ?

La réponse arriva quelques semaines plus tard. J'avais arrêté d'espérer et pensais que mon formulaire était enseveli sous d'autres, déchiré ou perdu. Je n'avais plus de goût à vivre, lassée par ces murs d'incompréhension, dégoûtée par le monde mesquin. J'avais décommandé le repas chez les parents de Ludmilla et attendais que les heures filent pour pouvoir me coucher et dormir d'un sommeil triste.

Je fus convoquée devant un commissaire du peuple, un homme de la police secrète. C'était ma dernière carte à jouer, et si l'entretien se passait mal, je pouvais tout perdre. Irina, la femme de Iouri, m'avait aidée à me coiffer et m'avait prêté un manteau au col d'astrakan, pas trop fatigué. Mon cœur cognait quand je montai les marches de l'immeuble neuf où était son bureau. Je jetai un coup d'œil au tableau de Staline et m'assis dans l'antichambre, une pièce grise meublée de chaises en fer. Là, une dizaine de personnes attendaient leur tour. Je patientai plus de deux heures, regrettant de ne pas avoir pris un livre ou un tricot. Quand ce fut mon tour, mes jambes se dérobèrent. Je me forçai à respirer profondément et suivis le jeune soldat qui m'emmena à travers des couloirs sinistres peints en gris. Il marchait à grands pas, raide comme un balai et me laissa après avoir frappé à une porte en bois. La salive me manquait, mes mains tremblaient, et je fus surprise de voir un très jeune homme campé derrière un long bureau en bois blanc. Il me salua à peine et commença à me questionner :

– Vous avez mentionné vouloir faire une visite à votre petit-fils ?

– Oui !

Je devais répondre sobrement.

– Votre fils lui-même a été accusé de terrorisme et envoyé dans un camp ?

– Exact !

– Pourquoi Alexeï alors ?

– Il est si jeune ! Il n'a plus que moi.

Je me mordis les lèvres. Il ne fallait pas l'apitoyer. Je repris :

– J'aimerais juste être rassurée !

– Les prisonniers ne se plaignent pas ! Ils sont tous en bonne santé !

– Je n'en doute pas, répondis-je.

Il m'observa longuement, hésitant, puis tamponna mon laissez-passer.

– Je ne sais pas ce qu'autorisera le commandant du camp. Mais pas d'objets coupants, de papiers, de crayons et autres choses qui pourraient lui donner des idées ! Allez, bon voyage !

Je l'aurais presque embrassé !

– Merci, murmurai-je avant de me lever.

L'homme me congédia d'un geste de la main. Une vingtaine de personnes attendaient encore d'être reçues. Je n'osai pas afficher trop ouvertement ma joie. Dans la rue, je retrouvai la légèreté de mes vingt ans. Ma valise était prête, restait à prendre un billet de train.

Valentina – Magadan

chapitre 9

Oui, j'étais devenue une planquée, et alors ? Ma vie était plus douce, et tant mieux, surtout depuis que j'avais sauvé ce gamin de deux ans, Ossip. Sa mère était morte à l'arrivée de notre transfert, à Magadan, après la traversée de la mer d'Okhotsk, dans le ventre d'un vieux rafiot. Nous avions été malades comme des chiens, entassés comme des rats, entre les bras d'une mer furieuse et sous le regard de soldats sur les nerfs. Je m'étais cramponnée à ce petit garçon aux yeux bleus et aux sourcils sans cesse froncés comme à une bouée de sauvetage. J'avais perdu mon frère et Alexeï à Vladivostok, nous avions été séparés et les adieux furent déchirants, je doutais de les revoir un jour. Ossip me remplissait d'amour, cet amour qui m'était indispensable pour survivre et moi, je lui évitais de croupir dans un orphelinat. Je l'avais adopté en deux minutes, sans réfléchir, sans avoir jamais approché un enfant lors de ma vie à Moscou. Ossip s'en fichait et se nichait dans mon cou, comme un bébé ourson avec sa mère.

Je n'ai jamais su comment le commandant du camp avait appris que j'étais pianiste. Peu importe ! J'étais dans un camp à Magadan, j'avais évité le pire, les *lagpounkts* en forêt où les femmes étaient sûres de mourir.

Dans notre baraquement, nous avions droit à un lit avec des draps, un poêle qui chauffait, une nourriture plus correcte qu'ailleurs. Et surtout, surtout, je jouais du piano tous les jours, répétant les pièces que l'on donnait en concert en fin de semaine, au grand théâtre de la ville, devant une foule de militaires et quelques nantis des environs. Ça m'aidait à ne pas réfléchir.

Ossip était resté dans un jardin d'enfants, pas très loin de nous, et je filais le voir dès que je le pouvais. Je remplissais mes poches de pain, de pommes de terre, et même si les gardiennes en profitaient pour en piquer, c'était la seule façon d'améliorer le repas des gamins.

De temps à autre, j'allais traîner du côté de la poste du camp avec les autres femmes. Je les regardais serrer contre elles la lettre qu'elles recevaient et je les enviais. Toujours ce stupide espoir, mais jamais rien n'arrivait pour moi. Qui aurait pu m'écrire ? Je n'avais plus de famille, et Anton et Alexeï ne savaient pas où j'étais.

J'avais peur qu'ils soient morts, comme devaient l'être nos parents. Il ne fallait pas être sorcier pour le deviner, cela tombait sous le sens. Les ennemis proches de Staline étaient tous assassinés sous des prétextes fallacieux, et mon père n'avait pas échappé à la règle. Ma mère pouvait encore végéter dans une prison, mais je ne le lui souhaitais pas. J'évitais de penser à eux, ça me démoralisait. L'idée de ne jamais les revoir, de ne pas avoir fait la paix avec eux avant notre séparation me plongeait dans des états terribles. J'avais été en rogne contre eux avant que nous soyons arrêtés. Maman, que j'avais méprisée parce qu'elle pleurait, Papa que nous avions laissé partir, encadré par deux officiers du NKVD, sans un regard de pitié, juste de la colère, de la haine pour nous avoir plongés dans ce désastre. Je m'étais toujours crue protégée tant qu'il nous faisait partager les fastes du pouvoir, les dîners avec les grands de l'État, les vacances dans la datcha de Staline, une voiture personnelle, un appartement à la hauteur de son poste tandis que le peuple crevait de faim, vivait sous la terreur. Anton s'était toujours dressé contre la figure paternelle, je me souvenais de leurs disputes, violentes, lors desquelles mon frère levait le poing et notre mère séparait le père et le fils. Titubant de colère, il lâchait :

— Je ne peux pas être son fils ! J'ai dû être adopté, tu ne crois pas, Valentina ?

— Arrête de jouer les victimes ! lui répondais-je. Personne ne t'oblige à être comme lui !

Toutefois, le jour où un de ses amis, K. R., avait été arrêté, je me souviens de son visage livide, du silence qui avait suivi l'annonce. Mon père avait été s'enfermer dans sa chambre, s'allongeant sur son lit, fermant les yeux. Il savait qu'il allait être le prochain. Malgré les demandes de ma mère, il ne s'était relevé que lorsque les agents étaient venus le chercher. Qu'avais-je lu sur son visage à ce moment-là ? De l'étonnement, de la peur ? Une effroyable déception ? Il avait voulu nous serrer dans ses bras, mais nous nous étions détournés, lui faisant payer par avance les mois de souffrance qui allaient suivre. Le lendemain, notre mère fut emmenée à son tour et elle suivit les policiers sans s'émouvoir, sans révolte, solidaire de son mari. Juste avant de les suivre, elle se tourna vers mon frère :

– Prends soin de ta sœur, je t'en supplie !

Puis, elle nous couvrit d'un regard tendre, où défilaient toutes les années qu'elle avait passé à nous écouter, nous bercer, nous consoler. Anton n'avait pas supporté son départ et s'était muré dans le silence. Moi, je n'avais pas voulu comprendre et j'avais multiplié les lettres et les suppliques pour la retrouver. Jusqu'à peut-être les pousser à nous faire taire.

Après les concerts donnés le samedi, quand la foule quittait la salle, le commandant, d'ordinaire hautain et froid, venait toujours nous féliciter. Il serrait la main des interprètes, avait un mot pour chacun de nous, souvent juste. Mais je n'aimais pas la manière qu'il avait de me sourire. Il ne ratait pas une occasion de me frôler, relevant une mèche de mes cheveux, posant sa main rugueuse sur la mienne. Je savais très bien ce qu'il cherchait : à me mettre dans son lit, comme ces détenues qui couchaient avec les gardes ou les soldats et qui en tiraient des avantages. Pas question de céder, je m'étais fait une promesse : ma première nuit d'amour serait dans les bras d'Alexeï.

Lara, une amie violoniste, se moquait de lui, singeant les façons vieillottes que le commandant avait de plonger pour faire un baisemain, nuque raide et courbette guindée. Le soir, nous nous allongions chacune sur notre matelas de paille et pensions à nos projets avortés, nos carrières ratées, les quelques rêves qui traînaient encore dans nos têtes. Mais jamais nous ne nous sommes fait de confidences sur nos vies d'avant. Comme si le silence recouvrait définitivement chaque acte de notre passé.

Depuis une semaine, les répétitions s'enchaînaient. Samedi prochain, notre formation devait jouer devant Édouard Berzine, chef du Dalstroï, la compagnie minière qui exploitait l'or dans la région. Grand amateur de Grieg et de Tchaïkovski, il avait explicitement demandé d'entendre des morceaux de leurs œuvres. Je souhaitais lui parler, lui voler quelques secondes pour obtenir un passe-droit : qu'il se renseigne et me dise où se trouvaient Alexeï et mon frère. Je pensais pouvoir l'embrouiller en plaidant que l'enfant devait avoir des nouvelles d'Alexeï son père. Un mensonge qui, je l'espérais, aller aboutir à de l'espoir. La nature humaine est incorrigible, l'espérance devait être la dernière chose que l'on perdait dans le monde des zeks.

Le soir du concert, les musiciens avaient enfilé smokings et robes longues mis à leur disposition. Dans la loge, Lara et moi nous détendions avant de rejoindre la salle. J'adorais ressentir le trac, ce nœud à l'estomac qui m'empêchait d'avaler un verre d'eau avant de jouer au risque de tout vomir, l'appréhension du trou noir devant la partition. Des émotions de personne libre que je retrouvais avec bonheur.

Quand on frappa à la porte, nous nous levâmes, prêtes à aller sur scène. Ce devait être l'heure. Le commandant, un bouquet de roses blanches à la main, s'inclina devant moi.

– Tina, accepteriez-vous de dîner avec moi, ce soir ?

Il ne me quittait pas des yeux et j'eus un haut-le-cœur.

– Je vois que vous n'en avez pas vraiment envie, remarqua-t-il.

Je suppliais intérieurement : « Lara, viens-moi en aide ! » Mais elle était pétrifiée. L'homme reprit, menaçant :

– Vous finirez par ne plus avoir le choix !

Il claqua la porte.

– Que veut-il dire ?

– Méfie-toi ! m'avertit Lara. Il pourrait t'envoyer ailleurs, en forêt !

Pour la première fois depuis mon arrivée, une peur profonde m'anéantit. Je fis appel à toute ma volonté pour jouer correctement, oublier ses paroles, ce regard furieux et provocant. J'en oubliai Édouard Berzine et, après les acclamations et le rappel, je me réfugiai dans ma loge, tétanisée à l'idée de le croiser à nouveau. Mais il ne se montra pas, j'avais gagné un peu de temps.

Chaque jour qui suivit fut empreint d'angoisse. Bien entendu, je m'attendais à des représailles, mais lesquelles ? Car c'était un homme qui n'aimait pas qu'on lui tienne tête, encore moins de la part d'une zek, la lie du peuple ! Tous les jours, je perdais un peu plus espoir, je faisais le dos rond, m'apprêtant à recevoir un coup bas, une brimade. Pourtant, une semaine plus tard, le danger semblait s'être éloigné, je ne l'avais pas croisé aux répétitions, je n'avais pas été convoquée dans son bureau.

Je me sentais plus légère en partant rejoindre, un matin, Ossip au jardin d'enfants. Le froid était cinglant, le sol glissant, j'y allais plus tard que d'habitude, mon piano était désaccordé et j'avais assisté le premier violon qui l'avait réparé. En arrivant, la nourrice de garde, d'habitude si bavarde quand j'apportais du pain, m'ignora et me laissa aller dans la chambre des petits garçons sans me retenir. Dix bras se tendirent, les enfants poussaient des cris de joie. Je les connaissais tous, je les embrassai rapidement et cherchai Ossip. Mon estomac se tordit. Où était-il ? Malade ? Je courus vers l'infirmerie, puis dans le réfectoire, chez les nourrissons, de plus en plus affolée, appelant, le suppliant de se montrer quand je me cognai dans la femme des cuisines, une grosse dame revêche.

– Sortez de là, vous n'avez plus rien à faire ici !

– Mon fils ? Où est-il ?

– Ordre du commandant ! Il est parti dans un orphelinat.

Je me retins au mur, le cœur si serré que je ne pouvais plus respirer. Dans un sursaut de colère, je la giflai et m'enfuis dans la nuit.

Qu'importait les conséquences de ce geste ! Ils pouvaient bien ordonner de m'enfermer dans un cachot, me battre jusqu'à la mort, Ossip avait disparu et je ne le reverrais plus jamais. La plupart du temps, les enfants étaient envoyés loin de leurs parents, certains étaient même adoptés sous d'autres noms et j'avais eu de la chance, jusqu'à présent, d'avoir pu le garder près de moi.

Je voulais tuer cet homme, me venger de ce commandant qui abusait de son pouvoir ; il m'avait retiré l'être pour qui je luttais, il m'avait mutilée de ce que j'avais de plus cher. Des bourrasques de neige me brûlaient les joues, je courus comme une folle vers son baraquement, hésitai, voulus me noyer dans la nappe blanche, me perdre dans l'obscurité et oublier, oublier !

Lara me retrouva devant la porte de notre baraque, épuisée, haletante, égarée. Elle m'apprit plus tard que j'avais répondu à ses questions par des mots inintelligibles, exigeant de rendre visite au commandant : « Oui, ça m'est égal ! Qu'il vienne ! Je suis prête ! »

Je ne me souvenais pas d'avoir arraché mes vêtements et d'avoir voulu, nue, un ciseau à la main, aller le tuer ; mon amie m'avait arrêtée à temps. Elle parvint à me coucher et me veilla. Toute la nuit je délirai, me tordant dans tous les sens, lançant des cris désespérés. Au petit matin, le calme revint, mais la fièvre avait coloré mon visage de taches rouges.

Nikita

chapitre 10

J'aimais pas les complications. J'avais été élevé dans la simplicité, quand on était content, à la maison, on le disait et si on était fâché, aussi. Autant être direct. Mais ici, j'avais appris à être différent, j'avais appris à me taire, à accepter ce qui me répugnait. Même entre soldats, fallait se méfier. Il y avait les copains comme Sacha, et les autres, ceux qui vous espionnaient en attendant la faute pour aller baver auprès du commandant et se faire bien voir. Et la faute, ça pouvait être ma relation avec Alexeï. Je savais que je faisais une bêtise, mais c'était plus fort que moi. Je l'aimais bien, j'aimais parler avec lui, lui raconter la ferme, les parents, Katya. Une fois, il m'avait avoué qu'il était amoureux de la sœur d'Anton, Valentina, et qu'il voulait la rejoindre, mais que c'était juste un rêve car il était persuadé que jamais il ne sortirait vivant de ce trou. Je l'avais rassuré, lui avais promis de l'aider à la retrouver, et voilà comment j'en étais arrivé à faire des plans pour le sortir du *lagpounkt*. De la folie !

Je savais qu'il était impossible de survivre dans la forêt : le froid vous tuait si vous n'étiez pas rattrapé avant. J'avais imaginé de le déguiser en soldat et de l'emmener avec moi lors d'une permission. On avait la même taille, et je pouvais lui prêter mon uniforme. Une fois à Magadan, à lui de se débrouiller. Restait à passer les contrôles à la sortie du camp, les fouilles systématiques auxquelles on avait droit et le plus difficile, les autres soldats qui partaient pour deux jours et qui le regarderaient et le reconnaîtraient comme un zek. Avec la tête qu'il avait ! Je m'étais torturé les méninges pour trouver une solution, je ne lui en avais jamais parlé pour ne pas lui faire de fausse joie, et j'avais mis au point une stratégie qui semblait pouvoir fonctionner. À ce moment-là, je ne pensais pas aux conséquences de ce que j'allais enclencher : les doutes qu'auraient les autorités, certainement au courant de nos relations par les autres, ma mise à pied qui suivrait et le peloton d'exécution juste après, les répercussions sur ma famille. Je n'y pensais même pas, je voulais juste voir dans les yeux d'Alexeï que j'étais un type bien, que la vie au goulag ne m'avait pas retiré tout sentiment.

Nous avions eu droit, pour fêter le début de l'année, à trois jours de permission à Magadan. Les copains étaient fous de joie, nous envisagions d'aller traîner dans les bars, avec des prostituées, noyer notre quotidien. Oui, même pour les gardes, le *lagpounkt* était une épreuve et souvent, notre moral était au plus bas. Il ne suffisait pas d'être du bon côté de la barrière pour ne pas souffrir !

Un des gardes, Kirill, était tombé salement malade : une dysenterie l'obligeait à rester à l'infirmerie. J'y avais vu l'occasion de le faire remplacer par Alexeï. Déjà, j'avais fauché son uniforme sous prétexte de le nettoyer. Il avait eu l'air étonné, mais il était tellement mal qu'il m'avait laissé faire. Je comptais prévenir Alexeï au dernier moment, le matin après l'appel, avant notre départ, et j'avais caché l'uniforme derrière une armoire. Et cette nuit-là, tout avait basculé !

Alexeï – l'évasion

chapitre 11

J'en étais sûr désormais : Anton avait perdu la tête. Chaque soir, Fédor et lui s'éloignaient tous deux dans un coin de notre baraque et chuchotaient, loin des oreilles indiscrètes. Tout le monde savait qu'ils préparaient un plan d'évasion, et les détenus ricanaient. La taïga était une prison plus redoutable que toute autre. Une fois dehors, perdus dans la neige et la glace meurtrières, s'ils en réchappaient, les fugitifs se retrouvaient la proie des habitants de la Kolyma, transformés en dangereux chasseurs. On racontait que si l'on rapportait la main droite d'un zek, on pouvait toucher jusqu'à deux cent cinquante roubles de prime. Et si ce n'était pas l'argent qui les poussait à dénoncer les fugitifs, l'ombre d'une longue peine de prison agissait aussi bien. Cinq mois avant que l'on arrive, pendant le court été de la Kolyma, le moment où la taïga regorgeait d'oiseaux, de baies, de champignons qui permettent de se nourrir, un groupe de prisonniers s'était évadé. Vadim m'avait raconté qu'ils avaient été retrouvés trois semaines plus tard, devant l'enceinte du camp, la tête tranchée. En plein hiver, une évasion tenait du suicide. Je n'essayais même pas de le faire changer d'avis, c'était trop tard, on ne se parlait plus.

Une nuit, juste avant le début de la nouvelle année, il se confia et je ne sus jamais pourquoi. La peur le poussait peut-être à parler, ou les remords.

— Je pars dans une semaine. Ne dis rien, je sais très bien ce que tu penses ! Il faut que tu saches une chose, on aurait pu être amis !

Je ricanai ! Facile à dire maintenant. Mais ce n'était plus le moment de régler nos comptes.

— Tu prends d'énormes risques. Tu le sais ? demandai-je.

— Oui. Mais je ne veux pas mourir ici. Je veux mourir libre !

Je crachai des mots pour le faire réagir, j'espérais une dernière fois qu'il change d'avis.

— Tu sais ce qui va t'arriver ? Finir tes jours à la Serpentine ! Ou pendu sur la place d'appel !

La Serpentine était une prison dont on ne sortait pas vivant. Un cachot disciplinaire dont les détenus parlaient avec terreur. Personne n'en était revenu pour témoigner des horreurs qui s'y passaient.

— Je me tuerai avant d'y être enfermé !

Comme beaucoup d'entre nous, Anton ne tenait pas à la vie. Mais je pris cela comme une gifle, car ses mots auraient pu être les miens, même si j'essayais de montrer le contraire. Je me recroquevillai pour étouffer mes larmes, comme s'il s'était agi de moi, comme si j'allais moi-même au-devant de la mort, et je comprenais que je n'aurais jamais pu avoir son courage. Mon ami allait mourir, plus sûrement que tout autre zek du baraquement, et je pleurais comme une vieille femme. Il entendit certainement mes efforts pour contenir mes sanglots et se détourna.

– Je ne te demande qu'une chose, reprit-il, n'oublie jamais ta promesse. Elle compte sur toi !

Je lâchai un rire grinçant.

– Sur moi ? Mais tu ne vois pas que je ne suis qu'un lâche ! Je ne suis même pas capable de me battre, j'accepte tout, je ne résiste pas, je fais ce que l'on me demande et en plus, je m'en contente !

– Il faut des gens comme toi. Je sais bien que je fais la pire bêtise de ma vie, mais je ne peux pas rester enfermé. Déjà au lycée, j'avais du mal à rester assis entre les quatre murs de la salle de classe. Je pars parce que j'ai peur de devenir fou si je reste dans le camp, et ce départ, c'est aussi comme si je rachetais les fautes de ma famille. Mais je sais que je ne reviendrai pas. Toi, tu as le courage de vivre ! Je l'ai perdu.

Des pensées confuses et contradictoires se bousculaient : que voulait-il dire ? Quelles fautes ? C'était quoi, avoir le courage de vivre dans un *lagpounkt* ? Fallait-il l'empêcher de faire aboutir son plan au risque de me mettre à dos tous les truands ? J'étais incapable de prendre une décision et je me sentis encore plus lâche. Je devinai qu'ils allaient profiter de la fête du premier de l'an, dans deux jours, pour s'évader. Cela me parut évident, pendant cette nuit-là, les gardes allaient boire et être moins vigilants. Je savais ce qui allait arriver mais j'étais impuissant. Je ne pouvais pas protéger Anton, comme je l'avais promis à Tina. Mon sommeil fut peuplé de visions grotesques et violentes : des crocs de bouchers, des jambes qui se balançaient dans le vide, Valentina, grimaçant un cri quand elle me voyait.

Vadim s'inquiéta de me voir si pâle et si démoralisé. Il me questionna, mais je refusai de me confier, préférant bredouiller une explication vaseuse qu'il ne crut pas. À quoi bon lui dire ? Aucun des zeks n'interviendrait pour les empêcher de fuir, et je présageais que le destin d'Anton était en route.

Au fil des jours, je m'étais rapproché de plus en plus de Vadim, je m'attachais à lui, comme un fils à son père. C'est peut-être pour cela que je me tus, pour se protéger, mieux valait faire comme si l'on ne savait rien. À l'atelier, nous étions toujours côte à côte et, malgré le bruit des machines, je continuais à lui réciter des poèmes qu'il s'efforçait de mémoriser. Il préférait les mots de Lermontov et m'accompagnait quand je déclamais *Si j'en crois mon espérance.*

Non, si j'en crois mon espérance,
J'attends un meilleur avenir.
Je serai malgré la distance
Près de vous par le souvenir.
Errant sur un autre rivage,
De loin je vous suivrai,
Et sur vous si grondait l'orage,
Rappelez-moi, je reviendrai.

Depuis quelques jours, une toux grasse et virulente ponctuait ses phrases. Des quintes terribles le laissaient plié en deux, son visage virait au rouge, congestionné, et quand je m'en inquiétais, il agitait sa main pour me faire taire.

– Ce n'est rien, j'ai déjà eu cela l'année dernière !

Il changeait de sujet et m'assurait que je lui avais redonné du courage. Vadim trouvait dans la poésie la force de se tenir debout. Moi, celle d'oublier notre existence stupide.

Depuis quelques temps, ça me démangeait de fouiller sous notre paillasse depuis que j'avais vu Anton y glisser quelque chose, le regard en alerte. J'attendais le moment opportun. Un soir, l'occasion se présenta. Fédor et lui rentraient toujours les derniers dans le baraquement. À cette heure, les détenus étaient dispersés. Certains traînaient près des cuisines, d'autres s'allongeaient sur leur châlit, vides et exténués, ou encore reprisaient leurs précieux vêtements à l'aide d'une aiguille fabriquée dans une allumette. Je passai la main et tombai sur une espèce de sac fabriqué à partir d'une vieille chaussette. Je le cachai sous ma veste et, faisant mine de chercher un objet perdu à terre, l'ouvris. Je plongeai ma main à l'intérieur et y sentis un clou effilé, du verre, un long morceau de fer plat et du pain rassis. Je remis le tout à sa place, rougissant comme un gamin, avec l'impression de trahir.

La nuit s'écoula sans que je n'arrive à me reposer. Sans cesse sur le qui-vive, je me réveillais en sueur, affolé par le moindre craquement de bois, toux ou ronflement. Je guettais alors dans la pénombre les plus petits changements et tâtais à l'aveugle pour vérifier que mon ami n'était pas parti. Lui dormait paisiblement. Cette attente était insupportable : quand allaient-ils s'enfuir ? À quel moment l'alerte serait-elle donnée ? Je somnolai jusqu'au matin et lorsque je partis travailler, laissant Anton dans le camp, je le serrai dans mes bras, pour la dernière fois, je le devinais. Il répondit à mon étreinte, sachant ce qu'elle signifiait, mais jamais il ne se vendit.

Vadim s'épuisait. Les quintes ne le quittaient plus, la fièvre enflammait son corps et ses yeux avaient perdu de leur éclat. Ce jour-là, il s'évanouit alors que nous arrivions à l'atelier. Un des gardes le secoua par l'épaule pour le faire lever, mais il ne put se remettre debout. J'eus l'autorisation de les accompagner à l'infirmerie, nous n'étions pas trop de deux pour soulever son corps lourd qui ne répondait plus.

– T'inquiète, petit, demain, je serai sur pied !

Je le laissai à un *feldcher*(1) qui diagnostiqua une pneumonie. C'était ce que j'avais craint. Vadim grelottait tant qu'il s'effondra sur le sol.

– *Fitili*(2)... soupira l'homme.

Il l'emmena dans l'infirmerie. Le *feldcher* s'appelait Tomasz et était polonais. Je l'avais déjà croisé dans le camp. Il baragouinait le russe et restait avec ses compatriotes, refusant de se mêler aux autres. Il me fit comprendre en quelques mots maladroits qu'il me tiendrait au courant. Je fus obligé de reprendre mon poste, une longue et double journée de travail puisque mon compagnon n'était plus là.

1- Un aide-soignant.

2- Mourant.

Quand la sirène vagit, nous délivrant du travail, je courus à l'infirmerie. Tomasz me laissa entrer discrètement.

– Ami, pas très bien, me dit-il. Va là-bas.

Je m'approchai d'un lit, un vrai lit avec matelas et sommier de fer, près d'un poêle. Mon ami gisait entre des draps gris, le blanc de son visage contrastait avec la toile terne. À côté de lui, un homme geignait, la jambe entourée d'un bandage sanglant. Il tourna sa tête vers moi et marmonna dans un sifflement :

– Regarde, y a pire que moi, il a reçu une branche en abattant un arbre et il ne pourra sûrement plus marcher. Dis-moi, tu es sûr que c'est une bonne idée de venir me voir ?

Je le rassurai, Tomasz était de garde jusqu'au lendemain matin et nous laisserait tranquilles. Vadim ferma les yeux et somnola. Je glissai sous sa couverture toute ma réserve de sucre, des cadeaux d'Anton. Je lui pris la main, une main puissante et calleuse, et me surpris à prier son Dieu, le menaçant de toutes les foudres humaines s'Il laissait mourir mon ami.

Un froid perfide me dévorait, je me réveillai en sursaut, la tête posée sur les jambes de Vadim. Il respirait plus calmement, la fièvre semblait avoir baissé, il était tombé dans un profond sommeil, comme s'il récupérait de toutes ses nuits erratiques.

Dehors, des vociférations couvrirent le mugissement de la sirène, des bruits de bottes martelèrent le sol gelé, une panique m'absorba tout entier. Les gardes devaient me chercher, ils s'étaient aperçus de mon absence dans le baraquement. Sans prendre le temps de dire au revoir à Vadim, je me précipitai vers la place d'appel. J'avais encore une chance de m'en tirer avec seulement quelques jours de cachot !

Des gardiens hagards tenaient en joue les prisonniers, prêts à tirer à la plus petite incartade. Les zeks grognaient, les rangées d'hommes ondulaient sous la force d'un vent terrible qui cinglait les visages encore endormis. Le cœur battant, je me glissai entre deux hommes d'un baraquement voisin. Je préparais intérieurement des explications, je pensais dire que j'étais parti aux toilettes, malade de dysenterie ! Le commandant aboyait les noms, j'étais surpris, il ne faisait jamais l'appel lui-même. Mes jambes flageolaient, ses mots se perdaient dans le bourdonnement des voix de détenus qui grondaient. J'étais dans de sales draps, et Tomasz risquait gros !

Ça s'éternisait ! À croire que ce chef recommençait deux fois de suite l'appel. Des gardes patrouillaient avec des chiens, lampes dans la main, et les gros molosses tiraient sur leur corde jusqu'à s'en étrangler. Les lumières violentes des miradors léchaient les gouffres noirs autour de nous, sans cesse revenant au même endroit.

– Ils n'en sortiront pas vivants ! murmura mon voisin.

Ils ? Soudain, je compris ! Anton et Fédor avaient disparu cette nuit. Anton avait profité de ma présence auprès de Vadim, évitant ainsi des adieux pénibles et des reproches. Pensait-il qu'ainsi, je n'allais pas être compromis ? Bien au contraire, je serais interrogé puisque j'étais son voisin de châlit. Et comment allais-je justifier mon absence ? Quel imbécile j'étais ! J'aurais simplement dû y penser ! Quel lâche de partir et de me laisser à la merci des gardiens ! Il ne fallait pas que je m'écroule, que je laisse ces émotions brutales m'envahirent, je devais résister à ce besoin de tout abandonner. Mes pensées se tournèrent vers Vadim qui m'attendait, je m'étais promis de lui apporter un morceau de bois à sculpter, de lui apprendre de nouvelles poésies, de le soutenir, de faire en sorte qu'il guérisse et retrouve sa place dans notre atelier, près de moi.

L'attente fut insupportable. Ils s'attardèrent jusqu'au petit matin, quand le soleil d'une pâleur spectrale troua la nuit sombre. Les zeks n'en pouvaient plus. Mon voisin, sans aucune pudeur, pleurait de douleur, le froid déchirait notre corps que nous ne bougions qu'à grand-peine. Puis, tout alla très vite. Deux soldats m'entourèrent, les détenus furent priés de se disperser, d'aller rejoindre leur unité de travail. Je cherchais des yeux Nikita, peut-être pourrait-il faire quelque chose pour moi ? D'habitude, il traînait toujours sur la place d'appel, il profitait de notre départ au travail pour me glisser un bout de pain. Mais aujourd'hui, je ne le voyais pas. Ils me tirèrent jusque devant le commandant, qui ne me laissa pas le temps de parler gueulant les questions et les réponses, rouge de fureur, écumant sa rage en me giflant.

Je baissai la tête et compris que c'était fini pour moi. J'allais être roué de coups, pendu ou fusillé, et ma vie s'arrêterait simplement, dans quelques heures, à cause d'Anton et Fédor. Je regrettais de ne pas avoir eu le temps d'aimer Tina, de revoir Vadim, de lui dire combien il était cher à mon cœur, et je rageais de penser que ma famille ne saurait sûrement jamais pourquoi j'étais mort.

On me jeta dans un cachot, un trou noir. Le sol était en terre battue, hostile et boueux, et seul un rai de lumière sous la porte permettait de m'orienter. Je me roulai en boule pour me protéger du gel et j'attendis que l'on vienne régler mon sort. Chaque matin de la semaine qui suivit, un garde m'apporta un morceau de pain et une timbale d'eau pour la journée. Ensuite, plus rien. Le froid m'engourdissait, je ne sentais plus ni mes pieds, ni mes doigts. Le premier jour je m'accrochais aux visages aimés, Tina, Babouchka, mes parents, Vadim. Je leur parlais à voix haute, les appelais, les suppliais de ne pas m'oublier, puis, j'eus des visions, mon père se penchait sur moi et me caressait les cheveux, Babouchka criait de colère parce que je ne l'avais pas écoutée quand j'étais encore à Moscou, et Tina secouait la tête en me reprochant : « Tu m'avais dit que l'on se retrouverait ! »

Le troisième jour, je ne parvenais plus à ouvrir les yeux, le gel avait scellé mes paupières. La tête dans mes genoux pour garder le plus possible ma chaleur corporelle, je sombrai dans l'inconscience. Je ne sais pas combien d'heures, de nuits passèrent avant que l'on me tire du cachot, m'enveloppe dans un manteau, me porte par les pieds et les épaules jusqu'à l'infirmerie. Le commandant ne voulait donc pas que je meure tout de suite. Ils me balancèrent sur le sol, me laissant aux soins d'un infirmier. La chaleur de la salle réveilla mon corps, et mille aiguilles douloureuses me transpercèrent. J'entendis dans un nuage de coton des voix amicales. Une main souleva ma tête, me donna à boire un liquide brûlant, une autre nettoya mes yeux collés par le givre.

– Qu'est-ce qu'ils t'ont fait ?

Je les reconnus à peine. Vadim et Tomasz, je l'appris par la suite, me veillèrent pendant trois jours. J'oscillais entre la vie et la mort, délirant, les brumes de la fièvre m'emportaient vers des rivages incertains, où des silhouettes difformes et éthérées dansaient, et ce fut grâce à ma jeunesse que je me rétablis peu à peu. Quand la fièvre recula, Vadim était encore à mon chevet. Il caressa mon front.

– Enfin, te voilà ! Tu l'as échappé belle !

Je ne comprenais pas pourquoi j'étais encore vivant.

– Pourquoi ne m'ont-ils pas tué ?

– Le commandant n'est pas persuadé de ta complicité. Il a voulu faire un exemple, mais il ne veut pas priver le camp d'un de ses travailleurs. Dans quelques jours, tu seras à l'atelier.

– Et toi ?

– Mieux, je vais mieux. Je te l'avais dit, je suis robuste et pas encore prêt à mourir.

Je goûtai voluptueusement ma chance de dormir dans un lit et dans des draps. Le régime de l'infirmerie était plus doux. Un breuvage qui ressemblait à du thé, deux morceaux de sucre, du pain trois fois par jour et une soupe avec quelques légumes. Je souffrais d'engelures, d'un point de pneumonie, et j'étais d'une maigreur effroyable. Ma peau parcheminée collait à mes os, comme celle d'un vieillard. Des cernes violets s'étendaient jusque sur mes paupières, et je parlais avec peine, mes lèvres craquelées me permettaient tout juste de chuinter les mots.

Vadim reprit le travail avant moi. Il me rendait visite tous les soirs, et nous avalions notre lavasse ensemble. Il avait un air sombre, mais il ne voulut rien me dire. Je mis cela sur le compte de la lassitude. Je passai ma dernière nuit à l'infirmerie, dormant d'un sommeil tranquille et apaisé. Quand la sirène rugirait le lendemain, j'irais, comme les autres, sur la place d'appel.

Vadim arriva avant le beuglement. Il me secoua :

— Viens, on y va ensemble.

J'étais étonné qu'il vienne me chercher, il prenait des risques inutiles. Il ne donna aucune explication. Je le suivis, quittant à regret la pièce douillette. La lune éclairait le camp comme en plein jour, les étoiles paraissaient pâlottes face à elle. Mon ami me poussa jusqu'au troupeau de zeks déjà en rang. Et c'est là que je vis deux tas informes allongés dans la neige, deux corps que les lampes des miradors tenaient sous leurs feux.

Son corps et celui de Fédor avaient été traînés jusqu'au milieu du camp, à la vue de tous, donnés en exemple. Je n'osais pas regarder le visage de mon ami, je l'imaginais défiguré par les coups, et j'avais peur d'y déceler encore un souffle de vie et de souffrance. Ma peine était si puissante que je me concentrais à maîtriser mes mains et mon cœur de peur qu'ils ne partent en charpie si je les avais laissés faire. Nonchalants, les gardiens passaient en sifflotant, jetant un regard curieux sur nous, à l'affût de notre terreur.

Au fond, je m'y attendais : personne ne s'en sortait. Et même si un espoir insensé m'avait fait croire qu'ils avaient réussi, je n'avais posé aucune question à Vadim par peur de sa réponse. Car il savait et avait voulu m'en protéger pendant ma convalescence.

Je rejoignis mes camarades et vécus l'appel comme un somnambule. Mon cœur se pétrifia, m'interdisant tout chagrin, désormais vide d'émotions paralysantes. Je détestais ce nouveau personnage que je devenais.

Nikita

chapitre 12

Tous les jours, j'attendais des nouvelles de Katya. Dans sa dernière lettre, ma mère y faisait à peine allusion. Elle serait venue leur rendre visite, il y a trois mois, et depuis, plus rien. Elle était partie en ville ! Pourtant, j'avais bien essayé de la dissuader, mais quelle tête de mule ! Elle pensait y vivre mieux. Et maintenant, je me faisais du mouron, je pensais qu'elle était malade, qu'elle avait peut-être rencontré un autre homme. Je savais de source sûre qu'il y avait de moins en moins de nourriture dans les magasins, que les gens crevaient de faim, qu'ils fouillaient dans les poubelles, traînaient dans les rues et attaquaient pour un bout de pain. Même dans mon village, ça devenait inquiétant. J'avais compris à demi-mot, dans cette lettre, que mes parents sautaient des repas car les greniers et les granges étaient vides. Nous, au moins, au camp, on était nourris et heureusement, car notre boulot était vraiment de plus en plus difficile.

Faut dire que les zeks ne nous aidaient pas. L'autre jour, deux types s'étaient battus pour des épluchures. Je les avais regardés de loin et avec des copains, on avait même fait des paris. Un Polonais avait tenté de les séparer et il s'était pris un coup de poing dans le nez. Cassé ! Pendant qu'on l'emmenait à l'infirmerie, les autres en avaient profité pour entrer dans les cuisines et voler des choux. Quelle raclée on leur avait mis ensuite ! Sûr qu'ils n'allaient pas recommencer de sitôt ! Faut pas croire que j'étais devenu plus méchant ou agressif qu'un autre, non, mais là, ils nous avaient nargués. On les avait laissés allongés dans la neige, ils pissaient le sang, mais on riait de leur avoir montré qu'on ne pouvait pas faire n'importe quoi dans un camp. Ils ne s'y attendaient pas ! Ce qui m'avait chiffonné, c'était le plaisir que j'avais pris à les frapper. J'étais pas comme ça avant, j'avais jamais donné un coup de poing quand j'étais à la maison. Même avec Anatoli, on ne se battait pas. C'était comme si une force invisible, plus puissante que moi m'y avait obligé. C'était comme ça dans les camps ! On devenait des bêtes sauvages, sans pitié pour les plus faibles.

J'avais cru que l'amitié d'Alexeï allait m'aider à rester droit dans ma tête. Avec lui, je n'attendais rien en retour. Cette façon qu'il avait de regarder tous les hommes, même nous les gardiens, avec une petite étincelle dans les yeux, comme s'il nous disait : « Au fond, on est tous pareils ! » Les autres zeks, ils avaient le regard creux et perdu, des gens vides que je vous dis. Ils nous connaissaient même pas, mais dès qu'ils avaient posé un pied à la Kolyma, on était leurs ennemis. On nous détestait.

C'était dur d'être détesté, je pensais pas devoir vivre ça un jour ! Je ne l'avais jamais dit à personne, mais quand Alexeï me souriait, ça me faisait chaud dans le cœur.

L'évasion de son copain avait fait tout capoter ! Oublié, enterré, le plan de le faire fuir ! À cause d'eux, notre permission avait été supprimée. Du coup, la rage m'était montée à la tête. Mais Alexeï, j'avais pas eu le cran de l'accompagner au cachot, je voulais pas être obligé de le frapper devant les autres. J'avais trouvé une excuse, bidon. Sacha et un autre gardien s'en étaient chargés. Tous les jours, j'avais pris de ses nouvelles, discrètement, et j'avais même rajouté des pommes de terre dans sa lavasse. Avant qu'il tombe dans les pommes. Y paraît qu'il avait frôlé la mort. Heureusement, le commandant l'avait laissé sortir, mais il le soupçonnait toujours d'avoir été au courant de l'évasion de son copain Anton. Le commandant, quand il avait appris la fuite des gars, il nous avait menacés de faire un rapport. J'avais cru qu'il allait avoir une attaque ou qu'il allait nous coller au poteau d'exécution. Pourtant, on les surveillait, mais ils avaient été plus malins que nous. Résultat, ceux qui étaient de garde cette nuit-là avaient été renvoyés à Moscou. On disait qu'ils allaient finir en prison, être jugés et condamnés au goulag. Le commandant nous avait tirés du lit au tout petit matin, avec ordre de les ramener morts ou vivants, de préférence morts, avait-il souligné.

Avec Sacha, on avait été chercher les chiens, on avait pris nos fusils et on était partis avec une patrouille en forêt. On en avait fait, des kilomètres ! Au bout d'un moment, à lutter contre des bourrasques de neige, je ne réfléchissais plus, la colère montait à chaque pas que je faisais, les chiens, à qui on avait fait renifler leurs paillasses, tiraient sur leur corde, aboyaient si fort que c'en était assourdissant et moi, j'avais senti l'excitation m'envahir, et j'avais compris ce que ressentait mon père quand il partait chasser le lapin. Sauf que là, c'était une chasse à l'homme. J'avais bien vite oublié qui était le gibier. Les chiens nous avaient emmenés dans leurs traces. Les fuyards avaient pas mal avancé, assez pour que l'on soit obligés de passer la nuit dans une cahute en bois où on avait tremblé toute la nuit. Impossible de nous réchauffer, pourtant les bêtes étaient collées à nous. Comme on avait très peu dormi, au réveil, la troupe était d'une humeur exécrable, on ne pensait qu'à rentrer, nous allonger et on en voulait à ces hommes de nous forcer à être dehors. La poursuite avait repris, ils avaient dû s'arrêter quelques heures, on avait retrouvé du bois calciné, y' avait même plus de cendres.

Au milieu de la matinée, les chiens avaient filé droit, nous obligeant à courir derrière eux. La truffe au vent, ils grognaient, jappaient et quand on avait vu deux silhouettes qui trébuchaient dans la neige, on avait crié de joie, on les avait enfin rattrapés. Notre chef avait lâché sa bête le premier et Sacha très vite après lui. Moi, j'avais hésité. Les deux chiens s'étaient précipités derrière les deux hommes, les avaient couchés sur le sol et déchiraient leur chair. Les hurlements couvraient les aboiements, je m'étais bouché les oreilles, je les voyais se débattre, ils cognaient, balançaient des coups de poing dans la mâchoire de nos animaux. Sacha avait tiré le premier, Fédor, je crois bien que c'était lui, était tombé comme un sac puis s'était tu. Nos chiens, surpris par le coup de feu, s'étaient retournés vers nous. Notre chef les avait rappelés, les avait félicités par des caresses puis s'était tourné vers moi :

– À toi l'honneur !

« C'est quoi cette histoire ? » j'avais pensé. Pourquoi moi ? Mais j'avais obéi et j'avais épaulé, peut-être hésité un quart de seconde et tiré. En plein cœur. Anton s'était écroulé et avant que sa tête ne touche le tapis de neige, il m'avait regardé. En plein cœur aussi !

Je n'avais rien éprouvé : ni jouissance, ni dégoût. Il fallait que je le fasse, j'avais un ordre.

Sur le chemin du retour, Sacha et moi, on se félicitait : comme si on revenait d'une bonne partie de chasse ou de pêche, de rigolade entre amis.

– Tu as vu, je l'ai eu du premier coup, il répétait, fier de lui.

– Vous avez bien travaillé, les gars, dit notre chef. Tiens, je vais appuyer une demande de permission pour vous deux.

Les deux hommes étaient traînés par les pieds, et je n'avais pas osé regarder leurs visages déchiquetés par nos chiens. On se relayait pour les tirer, et on râlait car leurs corps ralentissaient la marche. Le froid aussi nous empêchait d'avancer, on avait dû faire une pause de quelques heures dans la cahute. On avait laissé leurs dépouilles bleuies dehors et on s'était blottis contre nos chiens.

En arrivant au camp, les gardiens nous avaient applaudis, le commandant nous avait serré la main et avait promis de parler de nous à Moscou. C'est peu dire si nous étions fiers. Nos camarades nous posaient des questions, on avait même rajouté des détails qui n'existaient pas, j'avais entendu Sacha dire qu'il avait fallu se battre avec eux. On nous fêtait comme des héros, et les copains nous avaient même gardé les meilleures parts à table.

Mais ce que je n'arrive pas à oublier encore maintenant, c'était les visages tristes des autres zeks. Le lendemain à l'appel, je crois bien que j'avais ressenti de la honte. J'avais pensé à Alexeï et j'avais dû m'essuyer les yeux. Je pleurais et j'étais pas fier ! Trouverais-je un jour le courage de lui demander pardon ?

Alexeï, Babouchka – retrouvailles

chapitre 13

Ils avaient réussi à me briser. Les jours glissaient et se ressemblaient. J'avais trouvé un refuge dans l'indifférence au monde qui m'entourait. Mes seules préoccupations se limitaient à travailler, manger, dormir quand j'y arrivais, il fallait que je m'empêche de penser. J'étais devenu ce à quoi l'on m'avait destiné : un mouton docile dans un troupeau de zeks. Vadim avait renoncé à me secouer, et il marmonnait les strophes des poèmes qu'il avait retenues en espérant que je réagisse. De temps à autre, il me poussait vers la baraque des bains, m'aidait à retirer mes loques, me forçait à me laver, et je grognais sous les piqûres du froid. Je me négligeais, j'étais attaqué par les puces et les poux, je m'en fichais. J'aimais ma crasse, elle devenait ma barrière. Ma vie d'avant n'existait plus, j'avais oublié que j'avais eu une famille, des amis. Seul comptait le fait que je n'avais pas tenu ma promesse, que j'avais perdu celui qui aurait pu être un frère.

Même Nikita n'osait plus m'approcher, et je n'avais plus droit au rab. Ça aussi, je m'en moquais.

Les corps des deux fugitifs furent laissés quelques semaines au milieu de la place d'appel. Le gel les avait conservés, et leur présence étouffa toute nouvelle tentative d'évasion. Les truands se contentèrent, comme d'habitude, de faire la loi dans le camp. Les gardiens les retirèrent quand les corbeaux commencèrent à s'y attaquer.

Cet état d'hébétude dura plusieurs semaines : il était confortable. Des nouveaux débarquaient, apportant des échos du monde des hommes libres. Chaque arrivée provoquait des conversations, on apprenait que Staline continuait d'ordonner des arrestations à tour de bras, que les chefs tombaient comme des mouches et que bientôt, dans le pays, ne resterait plus aucun ancien militant.

Parfois, Tomasz nous rejoignait et partageait avec nous le pain qu'il avait subtilisé dans les cuisines. Vadim et lui hochaient la tête en me regardant :

– Ça passera ! commentait Vadim. Le choc lui a fait perdre la tête, mais ç'aurait pu être pire !

Quand l'été s'installa pour de bon, les détenus prolongèrent leurs soirées dehors. La légèreté de l'air devint presque agréable. Je sortis peu à peu de ma torpeur, le soleil redonna de la gaieté aux baraques et aux hommes.

Un matin, on me convoqua chez le commandant, et pour la première fois depuis longtemps, j'éprouvai de l'inquiétude. Sa maison et son bureau avaient été construits à l'écart de notre camp, et j'y allai entouré de deux gardes. Au loin, la taïga s'étendait à perte de vue, et l'aube trouait l'ombre de la nuit de reflets mauves et roses.

J'attendis dehors qu'il finisse son petit-déjeuner. Je crus reconnaître le parfum du thé dans les gobelets que buvaient mes gardiens.

Au bout d'une heure d'attente, ils me firent entrer dans un bureau aux murs tapissés de tableaux de paysages anglais. Assis derrière une table encombrée de paperasse, le commandant leva la tête et me fit signe d'attendre. C'était la première fois que je le revoyais d'aussi près, depuis la terrible gifle. Il avait le crâne rasé, quelques cicatrices sur le visage, les épaules légèrement affaissées, un homme en fin de carrière.

– Vous l'avez échappé belle d'après ce que l'on m'a dit ! commença-t-il. À l'avenir, choisissez mieux vos amis !

Je repoussai une vision, je n'irais pas dans mes souvenirs. Il n'attendait pas de réponse.

– Vous connaissez Anna Iassouvna ?

J'acquiesçai. Une terreur indicible me prit à la gorge, quelles nouvelles pouvait-il m'apporter de Babouchka ? Subitement, je me sentis glacé, je ne discernais pas le rapport entre ma grand-mère et le camp. Aurais-je dû me taire ?

– Elle a fait une demande de visite et a eu l'autorisation de venir vous voir. On m'a prévenu qu'elle était là. Mais en raison de vos liens avec des fuyards, j'hésite à accepter.

Il laissa un long silence s'installer pendant lequel il regarda par la fenêtre un oiseau se réchauffer au soleil. Moi, je triais mes émotions, ma grand-mère était là, elle avait fait ce long voyage pour me rencontrer, elle était vivante, elle pensait à moi, mais je risquais de ne pas la voir. Une boule énorme enfla dans ma gorge, douloureuse, m'empêchant presque de respirer. Il fallait que je me taise, surtout ne pas lui donner des arguments en faveur d'une décision négative. Il réfléchit à haute voix :

– En même temps, ce serait cruel de la renvoyer sans qu'elle vous ait vu ! Toute cette route pour rien !

Il jouait avec moi, attendait une réaction. Je me contentais de baisser la tête, mon cœur souriait. Ne lui donner aucun signe.

– Peut-être quelques heures. Pauvre femme ! Une famille de traîtres, voilà ce qu'elle a récolté.

Il plongea son nez dans des papiers, les remua en tout sens.

– Ah voilà. Anna Dimitrovitch Iassouvna, née en 1876 à Moscou, institutrice à la retraite, peintre à ses heures, un mari mort après la révolution d'Octobre pour des raisons obscures...

Il releva la tête.

– Votre grand-père était aux côtés de Lénine ?

Fallait-il répondre oui ou non ? Je haussai les épaules.

– Vous n'avez pas l'air d'être bien au courant. Les jeunes se fichent de ce qu'ont fait leurs ancêtres. Pourtant, cet homme est un héros. Allez, on ne dira pas que je martyrise mes prisonniers. Quelques heures suffiront. Sortez maintenant !

Les deux gardes m'empoignèrent, j'étais abasourdi. Je n'étais pas sûr d'avoir bien compris, pourtant si, le commandant avait parlé de quelques heures. Mais quand ? Où ?

Les zeks étaient rarement convoqués chez le commandant, si ce n'est pour de mauvaises nouvelles. Vadim m'attendait anxieusement et il arrêta son travail quand je rejoignis mon poste. Il ne dit mot, à l'affût d'un indice. Je me secouai.

– C'est ma grand-mère. Elle est là.

Il me prit par les épaules et me serra contre lui.

– Quelle chance ! Tu vas la voir ?

– Je crois bien que oui, répondis-je avec un large sourire.

Je retrouvai du sens à ma vie. Je patientai, donnant mille formes différentes à la visite de ma grand-mère. À certains moments, j'étais prêt à renoncer, j'avais peur de la voir et de ne plus pouvoir continuer à vivre ensuite. À d'autres, j'imaginais qu'elle venait pour m'emmener avec elle, qu'elle avait une lettre de libération, que c'en était fini du camp et de la souffrance, que j'allais donc revoir Moscou et mes amis.

J'attendis en vain deux jours. Je pensais que le commandant avait changé d'avis, que ma Babouchka était repartie ou encore, qu'ils en avaient profité pour l'emprisonner.

Le surlendemain, je fus à nouveau convoqué chez le commandant. Je souriais en m'y rendant, la journée était belle, la terre fleurait le foin coupé, une terre accueillante qui respirait à nouveau. L'homme était assis dans un fauteuil en osier, tassé comme un petit vieux, les yeux clos. Il se leva, redressa ses épaules comme pour en imposer.

– Elle t'attend ! dit-il. Es-tu prêt ?

Il ne me vouvoyait plus. Je la cherchai partout du regard, et il gloussa :

— Non, pas ici, mais à Magadan. Aucun visiteur ne vient là. Tu vas être emmené avec des soldats qui partent en permission, dans un convoi, et tu rentreras demain soir.

Nous partîmes immédiatement, je n'eus pas le temps de prévenir Vadim. Mais je me doutais qu'il devinerait.

Je refis le voyage en sens inverse, cette fois-ci de jour, le cœur plein de cette promesse des retrouvailles. Quand je montai dans le camion déglingué, Nikita me prit la main pour m'aider. Il partait pour quelques jours, il était récompensé pour « je ne sais quoi » de bien qu'il avait fait pour la bonne cohésion du camp. Pendant le trajet, il ne m'adressa pas la parole, regarda ailleurs, discuta avec ses camarades, et je compris qu'il ne voulait pas montrer qu'on se connaissait. De toute façon, l'amitié avec un gardien, ça ne pouvait pas durer, et sa réaction ne m'étonna pas.

La ville m'étourdit et j'écarquillai les yeux en observant les gens qui allaient et venaient librement, leurs visages animés et vifs, les rues bruyantes. Je dormis dans un camp spécialement bâti pour les artistes qui régalaient les militaires basés à Magadan. On me trouva un matelas bien rembourré dans un coin de baraque, et les hommes me firent parler de ma vie au *lagpounkt*.

— Connais-tu un certain Wladimir Moska ?

— As-tu entendu parler de Dimitri Laripoff ?

Je donnais des nouvelles, minimisant parfois leur état dégradé, enjolivant notre vie. Et tous me fêtaient car je les rapprochais à nouveau de leurs proches, de leurs amis.

Je ne la reconnus pas instantanément, ma Babouchka. Elle était toute ratatinée, vieillie, les yeux bordés de cernes noirs. Elle me tendit les bras et je plongeai contre elle. Je retrouvai son odeur de muguet, la douceur de ses mains, les petits frisottis de son cou, juste en dessous de son chignon. Elle suffoquait :

— Alexeï ! Alexeï ! Qu'ont-ils fait de toi ?

Un torrent de chagrin me coupa la respiration, je ne cherchai plus à retenir mes larmes. Nous ne pouvions pas nous parler, les mots se transformaient en hoquets et nous ne nous calmions pas, nous ne voulions pas, car c'était si bon de se laisser aller.

Si elle me trouva changé, elle ne m'en dit rien. Elle caressa mon visage, sans s'apitoyer sur mes joues creuses, mes cheveux rasés, mes frusques sales et pouilleuses et quand, enfin, nous reprîmes nos esprits, elle me laissa lui raconter dans un même souffle les derniers mois. Anton, Tina, notre amour, ma promesse de la rejoindre, la mort de mon ami, la gentillesse de Vadim, l'hiver sans fin, le travail épuisant, la faim, les truands, Nikita, le garde presque humain. Je n'oubliai rien et déversai sur ma pauvre Babouchka les drames de notre quotidien. Quand, au bout de deux heures, je m'arrêtai, elle me tendit un carton à chaussures rempli de jambon, de pain, de sucre et de chocolat. Je les dévorai sous ses yeux tristes et, la bouche pleine de ma vie d'avant, l'interrogeai à mon tour :

— Et papa, maman ?

— Ils sont tous deux dans un camp, à Vortouka. Je n'ai pas pu obtenir d'autres nouvelles.

Je n'osai pas lui demander autre chose sur eux.

J'avais peu de temps et la bombardai de questions :

– Et Moscou ? Notre appartement ?

– J'ai pu aller chez vous. L'appartement a été réquisitionné, je ne sais pas où sont parties vos affaires. Ce sont de braves gens qui y habitent, j'ai pu récupérer un de tes livres.

Elle sortit d'une poche un petit volume de poésie de Lermontov. Je souris.

– Ça me sera plus utile que tu ne le penses.

– J'ai rencontré par hasard ton amie Ludmilla. Nous nous sommes vues plusieurs fois. Très gentille fille. Tu me l'avais cachée !

Ludmilla ! Quelques fils de mon passé reprenaient place, naturellement. Le monde avait continué de se construire, loin du camp, des gens avaient parlé de moi, me redonnant une vie dans leurs mots alors que je pensais avoir été oublié de tous.

Il faisait déjà sombre dans la pièce quand des soldats revinrent me chercher. Nous devions reprendre la route pendant la nuit.

– Tu restes encore longtemps dans la ville ? demandai-je.

– Une semaine, peut-être plus, jusqu'à ce que je trouve de la place sur un bateau. Je n'ai pas pris de billet de retour, je ne savais pas quand je pourrais te voir.

Nous avions encore tant de choses à nous dire, tant de moments à rattraper qu'il nous aurait fallu des jours et des jours. Je regardai intensément ma grand-mère, fixant son visage dans ma mémoire pour les années à venir. À cet instant-là, je fus convaincu que je la reverrais. Elle m'attendrait, ma petite Babouchka, puisqu'elle avait su braver les autorités, se battre pour me voir, voyager jusqu'au bout du monde. Elle retint un sanglot et de nouveau, me prit dans ses bras et murmura :

– Un jour Alexeï, un jour...

Babouchka, Valentina – deux femmes

chapitre 13

Je ne réfléchis pas longtemps, ma décision était prise. Hors de question de partir loin d'Alexeï, j'étais décidée à l'attendre et, pourquoi pas, à retrouver également cette fameuse Valentina. Elle devait être à Magadan, je l'aurais parié, même si Alexeï m'avait affirmé qu'ils s'étaient quittés sur le port de Vladivostok. Il n'y avait pas trente-six destinations différentes pour les zeks partant de cette ville.

Alexeï ! Son visage exsangue me tourmentait. Il n'était plus le même, presque un inconnu. Bien sûr, je ne m'étais pas attendue à revoir le jeune homme d'avant. Mais la transformation avait été si radicale ! Celui que j'avais rencontré était un homme vieillissant, à la peau burinée par le vent et le froid, aux os saillants, au regard enfiévré, empoigné par une tristesse insondable. Allais-je le revoir ? Tiendrait-il le coup jusqu'au bout de sa peine ? Les années passaient, je me fatiguais, je n'avais plus la force de batailler, peut-être juste encore une fois, retrouver cette jeune fille, réunir ces deux enfants qui, je l'avais deviné dans le regard de mon petit-fils, s'aimaient.

J'avais trouvé une chambre dans une pension de famille de la rue Lénine, non loin du port, avec vue sur les toits et au loin, la mer d'Okhotsk. Les tenanciers, Filippa et Gricha, étaient d'anciens zeks, libérés de leur peine et exilés à vie. Ils avaient une cinquantaine d'années et s'étaient rencontrés après des années dans un camp de travail. Ne sachant pas si leurs conjoints respectifs étaient encore vivants, ils avaient décidé de se remarier. Magadan était une petite ville en plein essor. Tout le monde se connaissait, la plupart était des prisonniers ou des exilés, et mon arrivée avait attiré des curieux, avides d'avoir des nouvelles de l'extérieur. Les pauvres ! Ils m'en posèrent, des questions sur la vie à Moscou, sur ceux qui nous gouvernaient. Je leur répondais franchement, et pourtant, mes critiques de la politique de Staline pouvaient me valoir des ennuis.

Pour le moment, je ne pouvais plus aider Alexeï. Seulement prier pour qu'il résiste. Cela me fit sourire. Quand j'étais jeune mariée, je n'aurais même pas osé prononcer Son nom devant mon mari. Mais dans un pays où tout tournait de travers, ça faisait besoin de se tourner vers une image de bonté.

Je ne pris pas mon billet de retour, je me donnais le temps de rentrer à Moscou. Le soir, à l'heure du couvre-feu, d'anciens détenus et quelques aventuriers qui pensaient faire fortune grâce aux mines d'or de la région se rassemblaient autour de la tablée joyeuse de Filippa. Elle cuisinait selon les arrivages de poissons, de la *oukha* [1] ou du *chtchi* [2], parfois du *borchtch*[3]. Les hommes buvaient trop et les langues se déliaient. On peignait des tableaux cauchemardesques témoignant de la vie dans les camps, on y racontait de sombres affaires, certaines vraies, d'autres exagérées. C'est lors d'une de ces soirées que l'on me raconta l'histoire d'une jeune fille qui avait perdu la tête quand son enfant lui avait été retiré. Depuis, elle était internée dans un hôpital de Magadan, et *c'était pitié*, aux dires des messieurs, car elle était une très belle jeune femme talentueuse, une artiste qui avait lâché prise à quelques mois de sa libération. Je n'y fis pas attention, ce récit se perdait parmi tant d'autres. Celle que je cherchais n'avait pas d'enfant.

Dans la journée, je me mettais en quête de tous les renseignements que je pouvais glaner. J'étais devenue habile pour soutirer des informations aux agents du NKVD, et je donnais quelques roubles à des gardiens malhonnêtes et profiteurs dans l'espoir de retrouver Tina.

J'allais abandonner quand un zek, un altiste, de passage chez Filippa, me raconta de nouveau l'histoire de cette jeune fille. Il doutait que cet enfant, qu'un commandant lui avait arraché, fût le sien, mais, souligna-t-il, quelle importance ? La fille avait parlé de son fiancé, lui aussi enfermé à la Kolyma. Chaque piste devait être fouillée et pouvait me mener à Tina : il n'y avait pas tant

1- Oukha : soupe de poissons.

2- Chtchi : soupe de choux.

3- Borchtch : potage essentiellement de betteraves avec des légumes et de la viande.

de femmes que cela à Magadan. Je réussis à savoir dans quel hospice elle se trouvait et je m'y rendis.

On entrait et sortait librement de l'hôpital. Quelques militaires vérifiaient les identités pour la forme. La puanteur des couloirs ne me dérangeait pas. Je m'étais habituée à ces odeurs de crasse mélangées à l'aigre des soupes aux choux et à l'acidité des médicaments. Je pénétrai dans une salle commune, où les vingt lits alignés, sans aucun rideau de séparation, accueillaient pour la plupart des femmes mourantes. Certaines tournèrent la tête à mon passage, me regardant sans curiosité, mais la plupart n'avaient même plus le courage d'ouvrir un œil. J'allai voir Evguénia l'infirmière, une détenue au bon sourire, et elle me signala un corps étendu, dont on ne voyait pas le visage caché sous les draps.

– Elle est bien mal en point ! m'expliqua-t-elle. Pas un mot depuis qu'elle est arrivée. Et des cauchemars toutes les nuits ! Je ne sais pas si elle s'en sortira !

Je m'assis sur le rebord du lit et je cherchai la main de la jeune fille. Celle-ci était molle, elle se laissait faire sans réagir. Au bout de quelques minutes, elle se tourna vers moi, et je lus dans ses yeux une tristesse effroyable.

– Je suis une amie, murmurai-je.

La jeune femme détacha son regard et replongea dans son abîme. Il n'y eut plus aucun contact jusqu'à la fin de la visite. Quand je la quittai, la jeune femme n'avait pas bougé.

– Vous savez quel est son nom ? demandai-je.

L'infirmière fouilla dans un dossier et récita :

– Valentina ! *Valentina Nicolovna B.* ! Née à Moscou en 1923, détenue depuis huit mois à Magadan, pianiste.

Mère d'Ossip, sans date de naissance précise, portant le nom de famille de sa mère.

Je tressaillis.

– Vous ne vous sentez pas bien ? me demanda l'infirmière. Vous la connaissez ? Un membre de votre famille ?

– Oui, dis-je sans réfléchir. Je suis une tante, une tante éloignée.

– Pas toujours facile de les reconnaître ! reprit la dame. Avec la vie d'ici ! Peut-être pourriez-vous la prendre chez vous. Il y a si peu de place et elle ne demande pas de soins. Cela lui évitera de partir je ne sais où !

– Partir ?

– Au bout d'un certain temps, on les renvoie dans un camp. Mais elle ne tiendra pas le coup, c'est certain. C'est la condamner.

– Que dois-je faire ?

– Revenez demain, je vous ferai signer des papiers. Mais cela vous oblige à rester à Magadan encore une année, elle doit finir sa peine.

Cela ne m'avait pas pris plus d'une minute d'accepter de prendre en charge Tina. C'était évident. Personne ne m'attendait à Moscou, et cette jeune fille m'avait émue. Je trottinai jusqu'à la pension, heureuse de renouer avec un fil de la vie d'Alexeï.

Filippa était au courant de mes recherches et quand elle me vit arriver, chamboulée, elle comprit.

– Vous l'avez retrouvée ?

– Je crois bien !

– Quelle nouvelle ! Qu'allez-vous faire ?

— L'emmener ici, si vous me le permettez.

Filippa était une bonne personne, elle avait ouvert sa maison et son cœur de nombreuses fois.

— Je vous aiderai à vous en occuper !

En fouillant dans mon sac de voyage, je remis la main sur le papier que m'avait glissé Alexeï. C'était bien elle ! Mais que pouvait être cette histoire de bébé ? Cette nuit-là, j'eus du mal à trouver le sommeil. Dans quel pétrin me fourrais-je ?

Le lendemain, l'infirmière m'attendait, le formulaire était prêt à être rempli.

— Dépêchons-nous, ce matin, le médecin a parlé de libérer son lit. Ils manquent de place ! Je lui ai dit que vous alliez venir la chercher, et il veut que ce soit fait aujourd'hui.

Elle me pressa de signer et m'emmena auprès de Tina. Il me sembla que la jeune fille n'avait pas bougé d'un centimètre depuis la veille. Ses grands yeux gris s'ouvraient sur le vide. Elle se laissa habiller sans réagir et, lorsque nous la tirâmes du lit pour la mettre debout, elle vacilla. « Je n'y arriverai jamais seule », pensai-je. Tina s'était de nouveau allongée, comme une poupée de chiffon. L'infirmière alla voir une de ses collègues et revint vers nous.

— Je vous accompagne. Mais faisons vite, je n'ai pas le droit de quitter mon service.

À deux, nous parvînmes à soutenir la jeune fille, à la traîner jusqu'à la sortie et à la hisser dans une voiture que l'infirmière arrêta. Le conducteur ne fut même pas étonné de cet étrange trio. Il nous parla de la pluie et du beau temps, meublant notre silence.

Filippa avait préparé un lit près du mien. Une fois couchée, Tina ne parut pas prendre conscience qu'elle avait quitté l'hôpital.

– Laissons-la se reposer, dit l'infirmière. Je vais vous donner quelques instructions pour ses soins.

Il n'y avait pas grand-chose à faire, si ce n'était lui parler, l'aider à se lever et à manger et pourquoi pas la promener. La médecine était impuissante face à ces états de grand choc, et on disait que parfois, la mémoire et la raison revenaient sans crier gare. Il fallait être patient !

– N'oubliez pas, insista l'infirmière avant de nous quitter. Elle est sous votre garde et vous en êtes responsable. Je crois que le NKVD viendra vérifier. Surtout, qu'elle ne s'échappe pas. Et si vous avez besoin, demandez-moi. Je m'appelle Evguenia.

Je la remerciai et promis de lui rendre visite. Filippa monta un bol de soupe et je m'assis sur le lit, nourrissant Tina comme une enfant.

Les journées filaient, et Tina restait enfermée dans son silence. Je lui lisais des livres, des pièces de Tchekhov, des nouvelles de Gogol, des ouvrages que j'avais trouvés dans un coin de ma chambre, laissés par un client précédent. Puis c'était l'heure de la promenade, à petits pas, autour de la maison. Une fois, j'avais pu l'emmener jusqu'au port, et là, Tina s'était mise à sangloter avant de retomber dans son mutisme. Je me demandais comment tout cela allait se terminer. J'eus même l'idée de lui montrer une photographie d'Alexeï, prise quelques mois avant son arrestation. Rien ! Tina n'eut aucune réaction et posa son regard creux sur l'image. Alors, ne sachant plus comment faire, je lui racontai ma vie, l'histoire de ma jeunesse dans Moscou, la rencontre avec Maxime, les premiers mois de la révolution de 1917, la venue d'Alexandre, notre fils unique, mon désarroi de ne pas pouvoir avoir un autre enfant, la naissance de mon petit-fils, mes passions, la peinture, la poésie. Parfois, j'avais l'impression qu'elle m'écoutait, mais la plupart du temps, la jeune fille restait dans son monde clos.

Un soir, je voulus l'obliger à descendre dîner avec les autres, j'en avais assez de la voir recluse dans cette chambre. Quand nous arrivâmes toutes deux dans la grande pièce où les hôtes étaient attablés, Tina se figea et poussa un hurlement. Il y avait là un jeune soldat qui faisait la cour à une des pensionnaires. Il se leva brusquement et l'apostropha :

— Mais j'te connais, toi ! Mais oui, c'est ça, sur le port, dans un convoi de zeks ! T'arrivais pas à te décoller de ton fiancé !

Tina s'écroula sur le sol, se débattant contre ses fantômes. Gricha l'empoigna à bras-le-corps et la remonta dans son lit. C'est ainsi que j'eus une autre version de l'histoire. Le jeune homme assura l'avoir vue agripper un petit garçon des bras d'une femme qui paraissait malade et ne s'étonna pas qu'elle l'eût gardé avec elle. Des pièces du puzzle se mettaient en place.

Cette nuit-là, dans son sommeil, Tina cria « Ossip, Ossip », et quand je voulus la calmer, elle tendit ses bras vers le vide. Le lendemain, j'étais décidée à retrouver la trace de l'enfant.

Je n'eus aucune peine à rencontrer Lara. Les musiciens

allaient et venaient assez librement dans la ville, et à force de poser des questions aux uns et aux autres – chacun se souvenait de Valentina, de son merveilleux jeu au piano et de sa maladie – ils m'aiguillèrent vers la jeune violoniste.

Lara fut heureuse d'avoir des nouvelles de sa compagne. Elle promit de lui rendre visite dès qu'elle le pourrait. J'écoutai attentivement la description de cette dernière soirée, avant que Tina n'apprenne qu'Ossip avait disparu.

– Mais qui est son père ? interrogeai-je.

– Elle me parlait tous les jours de son fiancé, Alexeï, elle était si sûre qu'il reviendrait la chercher, elle et l'enfant. Je suppose que c'est lui. À vrai dire, je ne lui ai jamais posé la question. Vous en doutez ? reprit Lara.

Je ne les trahis pas.

– Non, non ! Si elle affirme que mon petit-fils est bien son père !

– Dieu seul sait où est Ossip, maintenant !

– N'avez-vous pas une photo de lui ? hasardai-je.

– Non ! Rien. Ah si, Tina a laissé un dessin qu'il lui avait fait.

Il fallait tenter le tout pour le tout. J'empochai la feuille et donnai notre adresse à Lara.

– Venez la voir. Si cela peut l'aider.

Quand j'entrai dans la chambre, Tina était debout, près de la fenêtre. De sa main pendait la photo d'Alexeï. Son visage ravagé par les larmes montrait qu'elle l'avait reconnu. Même si c'était pénible à voir, j'étais contente. Son esprit n'était pas définitivement troublé, il s'agissait désormais de la soutenir. Chaque jour, je l'aidai à tirer les fils de ses souvenirs, les plus gais et les plus poignants, la forçant à se confronter avec des images terribles. Il y eut des sanglots, des cris, des moments d'abattement, l'envie de mourir, d'abréger la vie et ses souffrances. Jamais je ne la laissais seule, passant de longues heures à la consoler, lui insufflant de l'espoir, la volonté d'attendre Alexeï, la certitude de retrouver Ossip. Valentina s'attacha à moi et m'aima comme sa propre grand-mère dont elle avait oublié les traits. Peu à peu, elle reprit confiance, sûre qu'elle et Alexeï seraient un jour réunis.

Je me refusais à lui parler de la mort d'Anton, je ne m'en sentais pas le courage. C'était à Alexeï de le lui annoncer, et il serait toujours temps de le faire. Vint le moment où la jeune fille prit soin de moi. Mon corps me lâchait, la détermination de revoir Alexeï qui m'avait maintenue jusqu'alors s'épuisait. Il me semblait n'avoir plus rien à faire ici-bas, j'avais accompli ma dernière tâche. Tina se plaisait à imaginer les deux hommes de sa vie s'épaulant comme des frères, l'un et l'autre liés par les promesses qu'ils avaient échangées lors de leur séparation sur le port, et ce jour, lointain mais déjà palpable, où ils partageraient enfin les heures, les minutes d'une journée.

Six mois plus tard, quand Alexeï reçut une lettre passée par les mailles de la censure, le jour où il apprit que toutes deux l'attendaient à Magadan, il s'écroula en larmes de joie. Il n'avait pas pleuré ainsi depuis la mort d'Anton. Il savait qu'il les retrouverait, un jour.

Épilogue

Épilogue

Voilà, c'est aujourd'hui que je vais être libéré. Ces cinq années sont passées si lentement que j'en avais oublié la date de ma sortie. Je laisse derrière moi des êtres souffrants, détruits, anéantis par le travail et la survie à tout prix. Vadim est encore dans ce camp pour quelques années, Anton et Fédor sont morts, Tomasz continue à soigner les zeks dans son infirmerie et Nikita est reparti chez lui. Avant de quitter le *lagpounkt*, il est venu me voir et m'a demandé pardon. De quoi ? D'avoir été du côté des plus forts, de ceux qui surveillaient et punissaient les détenus, faisant régner une terreur parfois plus insupportable que de mourir de faim ? Avait-il eu le choix ? Quand je lui ai posé la question, il n'a pas pu me le dire. Les larmes aux yeux, il m'a pris dans ses bras et a sangloté contre mon épaule. Alors, j'ai accepté de lui pardonner, sans comprendre, il avait l'air tellement bouleversé !

Un camion me ramène à Magadan. Là-bas, Tina et Babouchka devraient m'attendre. Sont-elles encore là ? Et moi, ai-je vraiment envie que l'on me voie tel que je suis aujourd'hui ? Je ne me suis pas regardé dans un miroir depuis tout ce temps, mais j'imagine ! Visage anguleux, cheveux en broussaille, yeux enfoncés dans leurs orbites, dents branlantes, quel spectacle ! J'ai peur de cette nouvelle liberté, saurai-je la vivre ? J'ai tellement l'habitude que l'on pense à ma place. J'ai peur de retrouver des sentiments humains, de les avoir si bien enfouis que je ne saurais pas les reconnaître. Dormir dans un lit, manger à ma faim, aller et venir librement, des gestes que j'ai oubliés. Et l'amour ? Celui qu'il y a entre Tina et moi est-il réel ? N'existe-t-il que dans mes rêves ?

Je tremble et me serre contre mon voisin dans ce camion qui nous secoue en passant sur les ornières gelées. Lui non plus, ne parle pas. Nous sommes abasourdis, enivrés par cette soudaine délivrance. Je touche comme un talisman le petit cheval de bois que m'a donné Vadim avant de partir. Serai-je encore là le jour où il sortira, pour l'accompagner dans ses premiers pas d'homme libre ? Je doute qu'il ne tienne encore bien longtemps et je m'en veux de ne pas avoir su lui dire combien je l'aimais.

Magadan grouille d'anciens zeks errant dans les rues, n'arrivant pas à se décider à partir, d'exilés regardant les bateaux larguer les amarres pour Vladivostok, de familles guettant des nouvelles de leurs proches.

Dans la rue, je demande, en baissant la tête, le regard sur mes chaussures, comme on me l'a appris au camp, la direction de la pension de Filippa. Je me perds dans les allées, personne n'est là pour m'indiquer avec un fusil dans le dos le chemin à suivre. Devant la maison – ce doit être celle-là –, j'hésite. Que vais-je leur dire ? Frapper à la porte, saluer mes hôtes, dire qui je suis, c'est au-dessus de mes forces. Je m'approche d'une fenêtre éclairée, une femme s'active devant les fourneaux, elle remue une soupe dans un grand fait-tout, elle sourit et s'adresse à une silhouette qui me tourne le dos. Cette chevelure qui ondule ! En un instant, je me souviens, les boucles légères de Tina, l'odeur sucrée de son cou. Un raz-de-marée d'émotions contradictoires m'engloutit. Je veux la serrer dans mes bras, je veux fuir, être près d'elle. Elle sent une présence, s'approche de la fenêtre, son visage s'arrondit, s'illumine, ses deux mains contre sa bouche ! Je recule dans la nuit, il ne faut pas, non ! La porte s'ouvre à toute volée, elle court dans la neige et je la reçois dans mes bras, vivante, vibrante, amoureuse. Elle me serre, touche mon visage, mes cheveux, embrasse mes joues, mes lèvres, mes yeux, pousse de petits cris de joie, et moi, je suis là, comme un pantin, désemparé, ne sachant que faire de mes mains, ne sachant comment lui dire que je l'aime et que j'ai attendu ce moment pendant toutes ces années. Alors, doucement, elle se détache de moi, me prend par le bras et m'entraîne vers la maison.

– Voilà, Alexeï, enfin, nous allons commencer à vivre !

Derrière la vitre, un enfant nous observe. Un petit garçon qui ressemble à Tina. Il sourit !

Bibliographie :

Jean-Jacques Marie : *Staline* - Librio
Evguenia Guinzbourg : *Le vertige, Le ciel de la Kolyma*, Points
Varlam Chalamov : *Récits de Kolyma*, Verdier
Anne Applebaum : *Goulag – Une histoire* – Gallimard histoire
Nina Lougovskaïa : *Journal d'une écolière soviétique* – Pocket
Nicolas Werth : *L'île aux cannibales* – Perrin poche
Robert Littell : *L'hirondelle avant l'orage* - Points
Marc Dugain : *Une exécution ordinaire* - Folio

Filmographie :

Une exécution ordinaire, Marc Dugain
Les chemins de la liberté – Peter Weir

Dossier

• Le temps du goulag

La révolution de 1917

Au cours des années précédent la Révolution, des mouvements émanant aussi bien des nobles que des paysans tentent de renverser le tsar. Mais à chaque fois, la police politique du tsar les écrase impitoyablement.

L'hiver 1917 est rude, le pain manque, la famine rôde, la guerre est longue, toutes les conditions sont là pour une révolte. En février, éclatent des grèves, des affrontements avec la police. Le tsar Nicolas II tente de mater la mutinerie mais les régiments de Petrograd s'allient avec le peuple. Nicolas II abdique le 2 mars. C'est la mort du tsarisme.

Des gouvernements provisoires sont mis en place, des meetings, des manifestations sont organisés, le peuple recouvre un semblant de liberté et s'enivre d'espoir : abolition de la peine de mort, liberté de la presse, ouverture des prisons, retour des exilés.

Des soviets (conseils) de paysans, ouvriers, soldats et marins voient le jour. Ils réclament la paix, que la terre soit donnée aux paysans, la journée de huit heures et la démocratie.

Dans les mois qui suivent, le bolchevisme, avec Lénine et Trotsky à sa tête, prend le pouvoir face à un gouvernement qui se radicalise. La date d'insurrection pour liquider les derniers soubresauts de l'État est fixée au 25 octobre, veille du IIe congrès des Soviets. Étonnamment, cela se passe sans grande effusion de sang. Le lendemain, Trotsky annonce la dissolution du gouvernement provisoire et Lénine promulgue les premiers décrets du nouveau régime. La Russie devient l'Union soviétique.

Petrograd - Perspective Nevski – juillet 1917

Le Soviet de Petrograd en 1917

Meeting du parti bolchévique (Lénine à droite)

Lenine

Lénine

Vladimir Ilitch Oulianov dit **Lénine** (1870-1924), révolutionnaire russe, fonde et dirige le parti bolchévique et est à l'initiative de la révolution russe. Il est le fondateur de l'Union Soviétique. Il créé en 1919 l'Internationale communiste, appelée communément communisme. Ce parti devient le seul autorisé dans le pays.
En 1924, il meurt d'une attaque cérébrale. Son corps embaumé repose dans le mausolée Lénine à Moscou.

Trotsky

Trotsky

Léon Trotsky (1879-1940) a été, avec Lénine, l'homme de la révolution d'octobre. Il fonde l'Armée rouge.
Après la mort de Lénine, il s'oppose à Staline, est exclu du parti en 1927 puis exilé à Constantinople en 1929, ensuite en France, en Norvège et au Mexique.
Toute sa vie, Trotsky défend la révolution russe. En septembre 1938, il fonde la IVe Internationale avec 25 délégués représentant 11 pays. Réfugié à Mexico, il est assassiné en 1940 par un sbire de Staline.

Staline

Staline

Joseph (Iossif) Vissarionovitch Djougachvili dit **Staline** (*acier* en russe), naît en Géorgie en 1878 et meurt en mars 1953 à Moscou. Sa mère, abandonnée par son mari alcoolique, ardente orthodoxe, l'envoie au séminaire de Tiflis. Il y reste jusqu'à ses 20 ans et est renvoyé pour, dira-t-il, ses idées marxistes.

Il devient l'homme qui succède à Lénine et installe une dictature en Union Soviétique. Il a été secrétaire général du Parti communiste de l'Union soviétique de 1922 à 1953. Par un jeu de pouvoir, il a imposé un régime totalitaire, de terreur, de délation, envoyant ceux qu'il croyait ses ennemis dans des camps de travail, les goulags, ou les condamnant à mort. Le culte à sa personne marquera son règne.

Il fait nationaliser les terres ce qui a pour conséquence de provoquer, entre autres catastrophes, la famine de 1932-1933, la fuite de 25 millions de paysans vers les villes, la déportation de Koulaks (paysans riches) vers les goulags.

Parallèlement, il industrialise son pays et pousse les ouvriers à dépasser des normes de production toujours plus drastiques. C'est le temps des grands chantiers comme la construction du canal de la mer Blanche, le métro de Moscou, des barrages, des villes nouvelles, etc. La main d'œuvre est gratuite, puisque ce sont les prisonniers des goulags (les zeks) qui y travaillent et laissent leurs vies pour ces chantiers. Mais ces gigantesques ouvrages coûtent très cher à l'état et sont généralement bâclés, les hommes étant soumis à un rythme de travail insoutenable.

Les grandes purges

En décembre 1934 Serge Kirov, chef du Parti à Leningrad, est assassiné. Staline a ainsi éliminé son plus grand concurrent, pouvant être élu Secrétaire Général du Parti.

En août 1936, il décide de se débarrasser de ses anciens acolytes – les grandes purges – écartant ceux qui l'ont soutenu dans les années 20-30, ceux qui pourraient lui faire de l'ombre et mettre en danger son pouvoir. Staline les remplace par des nouveaux qui n'ont connu que lui et qui lui sont redevables : Brejnev, Khrouchtchev, Beria… Il évince également la moitié du Bureau Politique du Parti, une grande part des cadres du Parti, des dirigeants de la police et même des officiers de l'Armée Rouge.

Enfin, il en profite pour écarter toutes les personnes suspectées d'être mécontentes de sa puissance : à cette époque, on risquait d'être déporté au goulag pour une mauvaise blague sur Staline. Sont également mis à l'écart, les anciens membres des classes dirigeantes, les individus ayant des contacts avec l'étranger, les vagabonds, les marginaux, les minorités (Polonais, Baltes…), les techniciens et spécialistes qu'ils considèrent comme des saboteurs. S'appuyant sur le principe de la responsabilité collective, la faute d'un accusé s'étend à son conjoint, ses enfants, sa famille, ses amis et ses relations. Staline prend ainsi le pouvoir absolu.

Le goulag

Les travaux forcés existent déjà sous les tsars. Lénine développe ce système pour les « ennemis du peuple ». Le premier camp sera celui des îles Solovski puis, sous Staline, d'autres seront ouverts en Sibérie, Ukraine, Biélorussie, Kazakhstan, Mongolie. Certains sont bâtis dans des régions encore inhabitées comme la Kolyma, dans l'extrême Est de la Russie. Le climat y est très rude, les conditions de détention terribles. La Kolyma est surnommée « le pays de la mort blanche ». Mais

Chantier du canal de la mer blanche

la région est riche en gisements d'or et mérite, pour Staline, tous les sacrifices humains.

Prisonniers de droit commun et prisonniers politiques sont enfermés dans les mêmes goulags et les premiers font la loi. Ils jouissent en plus de privilèges que les autres n'ont pas.

Les prisonniers (zeks) sont de la main d'œuvre gratuite pour le régime stalinien. Ces camps de travaux forcés sont rentables, économiquement et politiquement.

La faim y fait des ravages, les rations sont distribuées en fonction du travail effectué. Plus on remplit la norme demandée, plus on est nourri. Mais le froid, les maladies, le manque d'hygiène affaiblissent les zeks et le manque de nourriture les brise définitivement.

Il est impensable de s'évader du goulag, tout d'abord en raison du temps qui tue aussi sûrement que les armes des gardes. Un prisonnier est vite rattrapé et son exécution sert d'exemple.

Photographies de goulags : les miradors et barbelés devaient empêcher toute évasion.

Une des fonctions du goulag, outre des travailleurs à la disposition des grands chantiers de Staline, est de terroriser la population. En 1953, quand Khrouchtchev succède à Staline, il démantèle certains camps, amnistie des prisonniers (1,2 millions), réhabilite des centaines de milliers de personnes. Les procès deviennent publics. En 1958, le goulag est rebaptisé « Colonie de redressement par le travail ». Mais c'est sous Gorbatchev que les camps de prisonniers politiques sont supprimés. En 1991, l'URSS adopte la *Déclaration des droits de l'homme*.

La Deuxième Guerre mondiale

Le Pacte germano-soviétique signé le 23 août 1939 est un traité de non-agression entre l'Allemagne et l'Union des républiques socialistes soviétiques (URSS). Il définissait aussi dans un protocole secret une répartition des territoires séparant l'Allemagne et l'URSS. Il est rompu le 22 juin 1941, lorsque l'Allemagne nazie envahit l'URSS.
Les grandes purges ont affaibli l'Armée rouge puisque 90% des cadres officiers compétents, ont disparu. La plupart seront libérés.
Les premiers mois, l'URSS perd beaucoup d'hommes, de chars, d'avions et de terrain. En juillet 1941, Staline s'adresse à la population et leur parle de la « Grande Guerre patriotique », les appelant à lutter ensemble pour sauver la patrie. Il décide de rester dans Moscou, menacée par les Allemands. À quelques kilomètres de la capitale, l'armée russe met en déroute les Allemands. La bataille de Stalingrad marque l'affaiblissement des Allemands, les nazis capitulent en février 1943.
Staline fait confiance en ses généraux, desserre l'étau du gouvernement sur la société, appelle au patriotisme des Russes. Toutefois, les soldats qui à Stalingrad reculent sont fusillés, les prisonniers et leurs familles reniés comme traîtres. En 1945, Staline est nommé généralissime.

L'après-guerre

Après la victoire, il revient au système d'avant la guerre, le peu de liberté gagné est de nouveau perdu, le culte de Staline atteint son apogée. Il domine les arts, la culture, les sciences, intervient dans tous les domaines. Il ne réunit pratiquement plus le *politburo* et espace les congrès du parti. Il lance une campagne antisémite et s'apprête à lancer une purge contre les Juifs de Russie. Mais il succombe à une attaque cérébrale le 5 mars 1953. Ses proches, craignant de le blesser, tardent à appeler un médecin. Ses funérailles ont lieu le 9 mars à Moscou.

Déstalinisation

La déstalinisation devient officielle en 1956 grâce au rapport secret de Nikita Khroutchev qui dénonce les pratiques de Staline lors du XXe congrès du Parti communiste de l'Union soviétique. Y sont révélés le grand nombre de déportations, les arrestations arbitraires, le caractère difficile du tyran. Mais ce sera le procès d'un homme, Staline, plutôt que celui d'une politique économique. Le rapport critique essentiellement le culte de la personnalité de Staline. Les prisonniers politiques sont peu à peu réhabilités.

M. Gorbatchev

Ce n'est qu'à l'époque de la *glasnost* (transparence) de Mikhaïl Gorbatchev que les crimes de Staline sont dénoncés, non sous forme de rapport secret mais publiquement. La *glasnost* donne de nouvelles libertés aux Russes, dont la liberté d'expression.

Boukharine

Boukharine

Né en 1888, mort en mars 1938, victime des grandes purges staliniennes. Cet intellectuel, membre du bureau politique, soutient Staline après la mort de Lénine. S'opposant à la politique tyrannique mise en place par Staline, mais fidèle à ses idéaux et au Parti, il est arrêté en février 1937. Son procès prend la forme d'un spectacle où il a le premier rôle. Il est accusé de meurtre, d'espionnage pour des pays étrangers, d'avoir comploté dès 1918 contre Lénine et Staline. Il rédige des aveux et est exécuté le 15 mars 1938.

Mikhaïl Toukhatchevski

Mikhaïl Toukhatchevski

Mikhaïl Toukhatchevski (1893-1937), militaire russe puis bolchévique, est victime des grandes purges ordonnées par Staline en 1936-37. Pour avoir critiqué l'Allemagne devant le Soviet suprême, Staline prend la décision de le liquider. Il représente un danger pour le pouvoir absolu qu'entend garder Staline.

Il est arrêté le 22 mai, condamné et exécuté le 12 juin 1937. En 1957, Nikita Khrouchtchev l'a réhabilité.

DANS LA MÊME THÉMATIQUE

J'ai vu pleurer un vieux tsigane

Fin des années 1960, dans un village de France. Le narrateur, alors âgé de 12 ans, se trouve confronté à l'arrivée d'un groupe de « Gitans ». Le hasard d'un face à face avec un vieil homme en larmes, dans une maison chargée de souvenirs, puis la prise de conscience du terrible sort réservé aux Tsiganes d'Europe, auront raison de ses préjugés. Un texte émouvant sur ces « oubliés » de l'Histoire.

Auteur : Guy Jimenes
ISBN : 978-2-3500-0434-1
Collection Histoire et Société

Les sanglots longs des violons... Le témoignage émouvant et fort de Violette Jacquet-Silberstein, violoniste dans l'orchestre des femmes d'Auschwitz où elle fut déportée à l'âge de 17 ans.

Auteur : Violette Jacquet-Silberstein et Yves Pinguilly / Illustrateur : Marcelino Truong
ISBN : 978-2-3500-0162-3
Collection Histoire et Société

La petite fille qui aimait les pommes de terre

Une histoire vraie. Au travers des lettres que Charlotta et Viorica Janovits, déportées à Auschwitz parce qu'elles étaient Juives, l'auteur nous fait revivre, avec une grande justesse, le destin de ces fillettes et de leurs proches et comment elles ont survécu à l'enfer des camps de concentration...

Auteur : Rose Lagercrantz
Illustrateur : Lars Munck
ISBN : 978-2-3500-0297-2
Collection Histoire et Société

Avec le groupe Manouchian

Les immigrés dans la Résistance

La mère d'Aliona a été arrêtée lors d'une rafle antijuive, et son père s'est engagé dans la Résistance. La jeune fille est amenée à côtoyer les membres du groupe dirigé par Missak Manouchian... Elle découvre alors la Résistance antinazie. Aliona nous emporte sur les pas de ces étrangers dans la Résistance française, ces héros morts en martyrs au nom de la liberté...

Auteur : Didier Daeninckx
ISBN : 978-2-3500-0587-4
Collection Histoire et Société

Sophie Scholl
La rose de la liberté
Sophie Scholl et son frère Hans sont de jeunes étudiants allemands qui ont le courage en juin 1942, au péril de leur vie, de dénoncer le nazisme et de créer un mouvement de résistance appelé « la Rose blanche ».
Auteur : Magali Wiéner
ISBN : 978-2-3500-0376-4
Collection Histoire et Société

Le garçon qui détestait le chocolat - La mascotte
Le jeune Joseph trouve dans le grenier familial une malle contenant des affaires appartenant à son grand-père et qui datent de la Seconde Guerre mondiale. Il y découvre une photo et un terrible secret : orphelin, son grand-père a été la mascotte d'un bataillon nazi en Lettonie, lui, l'enfant juif...
Auteur : Yaël Hassan
ISBN : 978-2-3500-0377-1
Collection Histoire et Société

Germaine Tillion, un combat pour la paix
L'histoire de Germaine Tillion, ethnologue et grande figure de la Résistance française. Elle incarne l'image de la combattante pour la dignité humaine.
Auteur : Janine Teisson
ISBN : 978-2-3500-0511-9
Collection Histoire et Société

Le dernier été des enfants à l'Étoile, 1942, une rescapée se souvient
Témoignage d'une rescapée des camps de concentration français, Annette Krajcer, aujourd'hui âgée de 79 ans. Elle a été internée en août 1942 avec sa soeur Léa et leur mère. Mais Annette et sa soeur ont échappé par miracle à la déportation vers Auschwitz...
Auteurs : Philippe Barbeau et Annette Krajcer
ISBN : 978-2-3500-0506-5
Collection Histoire et Société

Le passeur de Moque-Souris

Héros malgré lui, 1941-1942

Juin 1940. La France capitule devant l'Allemagne. Paul, 15 ans, vit dans une petite ville des bords du Cher séparée par une ligne de démarcation. Muni de son ausweiss, il franchit chaque jour cette ligne pour se rendre au collège, en zone libre. Peu à peu, les gens le sollicitent pour passer des lettres. Paul se trouve entraîné dans l'action clandestine...

Auteurs : Philippe Barbeau et Christian Couty

ISBN : 978-2-3500-0547-8

Collection Histoire et Société

Jusqu'à la grotte de la Luire

Résistants dans le Vercors

Jules, 15 ans, et son cousin Paul réfractaire au STO, sont surpris par un groupe de soldats allemands et séparés dans leur fuite. Jules est recueilli par un employé de la mine, Lucien, qui fait partie de la Résistance. L'adolescent, d'abord caché avec un groupe de réfugiés, rejoindra le maquis du Vercors et les combattants de la « République Libre »...

Auteur : Ahmed Kalouaz

ISBN : 978-2-3500-0605-5

Collection Histoire et Société

Un facteur dans la Résistance, Martial, 20 ans

Depuis la mort de son père, Martial s'occupe de sa mère et de sa jeune soeur. Son maigre salaire de facteur pourvoit aux besoins de la famille. Mais la guerre se profile à l'horizon, et bientôt, les Allemands envahissent la France. Fasciné par son ami Pierre, qui fait partie de la Résistance, Martial s'engage à son tour dans la lutte contre l'Occupant...

Auteur : Christine Deroin

ISBN : 978-2-3500-0512-6

Collection Histoire et Société

Jean Moulin, Héros de la Résistance

Depuis son premier combat contre les Nazis en 1940, jusqu'à sa mort en 1943, l'histoire héroïque de Jean Moulin, chef de la Résistance en France... En hommage à son intégrité et à son courage, il repose désormais au Panthéon, auprès d'autres grands hommes qui ont marqué l'histoire de la France.

Auteur : Bertrand Solet

ISBN : 978-2-3500-0494-5

Collection Histoire et Société

Richard Sorge, l'espion qui a vaincu Hitler

L'histoire de Richard Sorge, journaliste, qui fut considéré comme le meilleur espion soviétique pendant la Seconde Guerre mondiale. En mai 1941, Sorge apprend qu'Hitler veut rompre le Pacte germano-soviétique et attaquerl'URSS. Mais Staline refuse de croire Sorge. Ce dernier usera de tout son talent pour trouver l'ultime renseignement, celui qui permettra à l'URSS de vaincre Hitler...

Auteur : Gérard Streiff
ISBN : 978-2-3500 0663 5
Collection Histoire et Société

C'était la guerre

Trois récits inspirés de faits réels

Un enfant-soldat des Jeunesses hitlériennes enrôlé pour défendre Berlin contre les Soviétiques ; deux enfants français dans un village soumis à l'Occupant ; un groupe de lycéens manifestant contre les nazis à Paris, le 11 novembre 1940... Ces trois récits de la Seconde Guerre mondiale, inspirés d'histoires vraies et d'événements réels, témoignent chacun à leur façon de l'horreur quotidienne de la guerre. Sans oublier l'espoir, qui survit chez ces individus pris dans un enfer bien humain.

Auteur : Arthur Ténor
ISBN : 978-2-3500-0529-4
Collection Histoire et Société

Les ailes de la liberté

Été 1940. Les élèves-pilotes de l'aviation française, âgés de 20 ans, sont frustrés de n'avoir pas pu combattre et honteux de la défaite et de la capitulation. Ils décident alors de rejoindre l'Angleterre pour reprendre le combat de la liberté. Ils s'engagent dans les Forces Aériennes Françaises Libres.

Auteur : Alain Lozac'h
ISBN : 978-2-3500-0435-8
Collection Histoire et Société

Les ailes de la fraternité : Normandie-Niemen

Jean Vidal, ancien pilote dans les FAFL retrouve Igor, qui fut son mécanicien. Tous deux évoquent leurs itinéraires durant la Seconde Guerre mondiale : en 1940, Jean est pilote, il intègre une unité des FAFL, mène ses premiers combatsaériens contre les Allemands, aux côtés des Soviétiques, dans l'escadrille qui deviendra mythique : « Normandie-Niémen »...

Auteur : Alain Lozac'h
ISBN : 978-2-3500-0560-7
Collection Histoire et Société

Un secret derrière la porte

En 1944 alors que la France et Paris attendent la Libération, la maison de Jean est détruite par un bombardement anglais qui visait une gare toute proche. Désormais, c'est sa marraine qui le logera. Une seule interdiction : ne pas ouvrir la porte qui donne sur le couloir. Pourquoi ?

Auteur : Bernard Gallent
Illustrateur : Jazzi
ISBN : 978-2-3500-0300-9
Collection Les aventures de l'histoire

Les enfants d'Irina Sendlerowa

Anna, Arthur et Sacha trouvent, dissimulée dans une bouteille, une liste de noms, de prénoms et de dates. Soucieux d'en connaître la signification, ils mènent une enquête avec l'aide de leur institutrice. Ils se retrouvent alors plongés dans une des périodes les plus sombres de notre histoire... et sur les traces d'Irena Sendlerowa.

Auteur : Catherine Le Quellenec
Illustrateur : Antoine Ronzon
ISBN : 978-2-3500-0483-9
Collection Les aventures de l'histoire

Un printemps fusillé

À la fin de l'été 1943, Raymond le Moël et plusieurs jeunes lycéens des Côtes-du-Nord, assurent des liaisons entre résistants et distribuent des journaux clandestins. Un jour, Raymond et deux de ses copains doivent assurer, à vélo, le transfert d'un pilote anglais jusqu'à l'Île-Grande...

Auteur : Yves Pinguilly
ISBN : 978-2-3500-0222-4
Collection Roman Junior

Le journal d'Eulalie

Un amour de guerre

Les vacances s'annoncent mal pour Marianne et Louis : leur père a décidé de les emmener en Normandie, pour une leçon d'histoire sur la Seconde Guerre mondiale et le débarquement du 6 juin 1944. Mais dès leur arrivée dans la maison qu'ils ont louée, la propriétaire les prévient : la maison a connu un drame. Une jeune domestique qui y travaillait pendant la guerre se serait suicidée après avoir été tondue à la Libération...

Auteur : Catherine Cuenca
ISBN : 978-2-3500-0591-1
Collection Roman Junior

La maison de la Tondue

L'histoire de trois femmes unies par les liens du sang. Madeleine, d'abord, par qui tout arrive. Aline, sa fille, et enfin Mado, sa petite-fille. Cette dernière va découvrir un secret de famille : sa grand-mère était une Tondue...

Auteur : Bruno Paquelier
ISBN : 978-2-3500-0249-1
Collection Roman Junior

Un amour sous les bombes

Toulon, mars 1944. Maguy, 16 ans, est revenue à Toulon. Roger Tisseyre, qui s'est engagé dans la marine à 17 ans, est aujourd'hui marin pompier. Dans les abris où la population se réfugie pendant les bombardements, Maguy entend une voix qui l'émeut profondément. Lors du débarquement de Provence, Maguy retrouve Roger, le jeune homme à la belle voix, et ils tombent amoureux l'un de l'autre. Un très beau témoignage écrit par Janine Teisson, leur fille.

Auteur : Janine Teisson
ISBN : 978-2-3500-0313-9
Collection Roman Junior

Les invités de la guerre

1939, la guerre est déclarée. S'improvisant passeuses pour la zone libre, les femmes d'une famille française sauveront sept Juifs des camps de la mort. Un acte d'héroïsme pour lequel elles seront honorées du titre de « Justes parmi les nations ». Le quotidien émouvant d'une famille prise dans la tourmente de la guerre.

Auteur : Micheline Tondra-Marie - Texte revu par Janine Teisson
ISBN : 978-2-3500-0094-7
Collection Jeunes adultes

Fonce Monette, fonce !

Pour échapper aux bombardements d'un Paris sous l'Occupation, une adolescente est envoyée par sa famille dans une ferme normande. Jusqu'au jour où Monette, sa soeur aînée, dont on connaît le courage depuis Les invités de la guerre, vient la chercher pour la reconduire dans la capitale à vélo ! Commence alors une véritable odyssée, ponctuée de péripéties, sur des routes dangereuses et désertées par les civils.

Auteur : Micheline Tondra-Marie - Texte revu par Janine Teisson
ISBN : 978-2-3500-0134-0
Collection Jeunes adultes

Publié par les éditions Oskarson (Oskar Jeunesse)
21, avenue de La Motte–Picquet – 75007 Paris
Tél. : +33 (0)1 47 05 58 92 /
Fax. : + 33 (0)1 44 18 06 41
E–mail : oskar@oskarediteur.com
Site Internet : www.oskarediteur.com

Auteur : Florence Cadier
Illustration de couverture : Marcelino Truong
Conception graphique : Raphael Hadid
Mise en page : David Lanzmann
Direction éditoriale : Françoise Hessel

ISBN : 978–2–3500–0709-0
Dépôt légal : mai 2011
Imprimé en Europe
Loi n° 49–956 du 16 juillet 1949 sur les publications destinées à la jeunesse